어느 날 삶이 내게 불친절할 때

*What If… God Has Other Plans?*

© 2019 by Charles R. Swindoll
Originally published in English under the title *What If* by Tyndale House Publishers, Inc.,
Carol Stream, Illinois, USA.
All rights reserved.

This Korean translation edition © 2022 by Timothy Publishing House, Inc., Seoul,
Republic of Korea
Translated and used by permission of Tyndale House Publishers, Inc., Carol Stream, IL
60188, USA.

이 한국어판의 저작권은 Tyndale House Publishers, Inc.와 독점 계약한 (주)도서출판 디모데에 있습니다.
신 저작권법에 의하여 한국 내에서 보호받는 저작물이므로 무단 전재와 무단 복제를 금합니다.

## 어느 날 삶이 내게 불친절할 때

**1쇄 발행** 2022년 7월 15일

**지은이** 찰스 스윈돌
**옮긴이** 윤종석
**펴낸이** 고종율

**펴낸곳** 주)도서출판 디모데〈파이디온선교회 출판 사역 기관〉
**등록** 2005년 6월 16일 제 319-2005-24호
**주소** 서울특별시 서초구 서초대로 141-25(방배동, 세일빌딩)
**전화** 마케팅실 070) 4018-4141
**팩스** 마케팅실 031) 902-7795
**홈페이지** www.timothybook.com

값 15,000원
ISBN 978-89-388-1687-0 (03230)
ⓒ 2022 도서출판 디모데 All rights reserved. 〈Printed in Korea〉

어느 날
삶이
내게
불친절할 때


찰스 스윈돌 지음
윤종석 옮김

오랜 세월 나는 재능이 출중하고 깊이 헌신하는 두 동역자와 나란히 섬기는 즐거움을 누렸다. "때를 얻든지 못 얻든지" 스톤브라이어 교회 교역자로 함께 섬기는 사이에 그들은 믿음직한 동료이자 친한 친구가 되었다. 그 덕분에 나는 두 사람을 깊이 사랑하게 되었고, 우리의 우정에서 큰 기쁨을 얻는다. 주님이 우리의 마음을 하나로 묶어주셨기에 이 책을 그들과 그들의 아내에게 헌정한다.

찰턴과 진저 하이엇, 돈과 메리 맥민

## 머리말

의미 있는 질문은 늘 내 호기심을 자극한다. 오래전에 나는 모든 정답을 아는 듯 행세하기보다는 바른 질문을 던지는 편이 더 낫다는 사실을 깨달았다. 질문 덕분에 우리는 더 오래 살피고 더 곰곰이 생각하며 더 깊이 파고들게 된다. 질문은 우리를 오래 닫혀 있던 사고의 문 안으로 안내하여, 번번이 우리를 괴롭히는데도 좀처럼 상대하지 못했던 인생의 문제를 대면하게 해준다.

몇 년 전에 나는 이 모두를 시험해보기로 했다. 그래서 여태 우리가 어떤 식으로든 부딪히게 되는 여러 복잡한 상황을 두고, 11가지 구체적인 질문을 던졌다. 이어 나는 확실하고 이해하기 쉬우며 실행할 수 있는 답을 찾고자 성경을 살폈다. 너무 당연하게도 각 질문에 대한 유익한 답이 성경에 있었다.

그 탐색의 결과물을 내가 담임목사로 섬기는 텍사스주 프리스코의 스톤브라이어 교회 회중에게 시리즈 설교로 전했다. 그런데 많은 교인이 그 내용을 책으로 출간하라고 권유했고, 그 설교는 이렇게 당신이 읽고 생각하고 적용할 수 있는 책이 되었다.

나의 틴데일 출판사 친구들에게 감사를 표한다. 이번에도 책의 전체 흐름을 많은 공을 들여 매끄럽게 다듬어준 편집자 마크 토비에게 감사한다. 아울러 내 책을 읽기로 한 당신에게 고마움을 전한다. 이 책을 계기로 당신도 의미 있는 질문을 던지고, 확실한 성경적 답을 찾기를 바란다.

텍사스주 프리스코에서
찰스 스윈돌

차례

머리말  6

제1장   하나님이 큰일을 하라고 부르신다면?   11
       자신이 부족하게 느껴지는 때를 위한 하나님 말씀

제2장   한순간에 모든 것을 잃는다면?   41
       갑작스러운 상실을 겪을 때를 위한 하나님 말씀

제3장   가까운 사람에게 배신을 당한다면?   69
       믿었던 사람에 대한 신뢰가 무너졌을 때를 위한 하나님 말씀

제4장   다른 사람의 잘못을 지적해야 한다면?   93
       남의 죄를 드러내야 할 때를 위한 하나님 말씀

제5장   넘어져 있는데 사람들에게 더 발길질을 당한다면?   119
       비난에 부딪힐 때를 위한 하나님 말씀

제6장   다시 일어설 기회가 필요하다면?   141
       실패했을 때를 위한 하나님 말씀

제7장  장애나 질병이 생겨 고통스럽다면?  169
       건강에 심각한 문제가 생겼을 때를 위한 하나님 말씀

제8장  분란을 일으키는 사람 때문에 곤혹스럽다면?  191
       문제를 일으키는 사람을 상대할 때를 위한 하나님 말씀

제9장  상사가 불공정하고 무례한 사람이라면?  213
       직장 문제로 어려울 때를 위한 하나님 말씀

제10장  스토킹을 당하여 신변의 위협을 느낀다면?  237
        범죄의 대상이 됐을 때를 위한 하나님 말씀

제11장  오늘 밤 인생이 끝난다면?  263
        영원한 삶을 준비하기 위한 하나님 말씀

토의 질문  286
주  292

* 제1장 *

# 하나님이 큰일을 하라고 부르신다면?

---

자신이 부족하게 느껴지는 때를 위한 하나님 말씀

에이미는 하나님이 자신을 택하여 큰일을 하게 하실 줄은 꿈에도 몰랐을 것이다. 7남매 중 맏이로 태어난 이 부끄러움 많은 소녀는 아름다운 북아일랜드에서 자랐으나 고생도 모르고 자라지는 않았다. 어렸을 때 아버지가 돌아가시는 바람에 사실상 극빈 가정이 되었다. 결국 그녀는 의식주가 보장되는 다른 집에 입양되었다.

스스로 보기에 그녀는 '작고 추하며 수줍음이 많은 소녀'였다. 늘 자신이 너무 못생겼다고 생각했기에 성장기에는 아예 사진도 찍지 않았다. 청소년기에 진단받은 퇴행성 신경 질환은 평생 그녀를 따라다녔다. 결국 그 질환 때문에 여생을 중증 관절염에 시달리며 투병해야 했다.

그런데 그녀의 인생이 완전히 뒤바뀌는 사건이 벌어졌다. 스무 살 때 에이미는 영국 케직 사경회에 참석하여 허드슨 테일러Hudson Taylor라는 사람이 들려주는 중국 선교 이야기를 들었다. 때는 1888년이었다. 훌륭한 선교사이자 정치가였던 테일러는 하나님이 중국에서 그간 해오신 일과 장차 하시리라고 예상되는 일을 소개했다. 그러면서 하고많은 사람 중에 하필 영국의 소외 계층인 자신을 택해주신 하나님이 얼마나 좋은 분이신지를 몇 번이고 되풀이해서 말했다. 그는 하나님의 은혜로 외국어를 배워 자기 문화와는 생판 다른 문화 속에 섞여 들어갈 수 있었다고 고백했다.

그 자리에서 에이미는 이런 생각이 들었다. '만약에 하나님이 나를 쓰셔서, 내가 이런 일을 하게 된다면?' 그 순간부터 하나님은 이 부끄러움 많고 내성적인 아일랜드 소녀를 통해 큰일을 하기 시작하셨다.

은혜로우신 하나님이 주권적으로 지휘하신 일련의 사건을 통해 에이미는 결국 인도양에서 몇 킬로미터밖에 떨어지지 않은 인도 남단에 이르렀고, 향후 56년 동안 그 이역만리에서 선교사로 살았다. 그녀의 소명은 인신매매로 팔려 나간 소년 소녀들을 구하여 돌보는 일이었다. 천진난만한 아이들이 무시무시한 노예 무역에 유린당하고 있었다.

그 당시에는 인신매매가 종교라는 미명으로 자행되었다.

소녀들은 힌두교 사제와 예배자에게 '봉사해야' 했다. 그렇게 육체를 짓밟히는 과정에서 그들의 영혼마저 망가졌다. 무력한 피해자가 되기는 소년들도 마찬가지였다. 에이미는 이렇게 상처 입은 아이들의 삶이 못내 가슴 아팠다. 그래서 여생을 바쳐 그들에게 그리스도의 사랑으로 다가가, 성매매에서 그들을 구해냈다.

생전에 천 명도 넘는 피해자를 구출하여 보살핀 이 아일랜드 여성은 바로 에이미 카마이클Amy Carmichael이다. 그녀가 써서 출간한 책이 35권에 달하는데, 원판에는 본인의 요청에 따라 저자명이 하나도 등장하지 않는다. 죽기 전에 그녀는 비석에도 자신의 이름을 절대로 새기지 못하게 했다. 그녀에게 구출된 아이들이 성인이 되어서 새들이 날아와 물을 마실 수 있는 수반을 그녀의 무덤 위에 세웠을 뿐, 지금까지도 묘비는 없다. 당대에는 사실상 알려지지 않았던 여인이니 묘비 없는 묘가 어울려 보인다. 그러나 그녀의 글을 읽어보면, 가슴에 사무치는 고백으로 가득하다.

주님께 불어닥치는 세찬 바람을
내게는 들이치지 않게 해달라는 기도에서,
열망 대신 싹트는 두려움에서,
더 높이 오르지 않는 주춤거림에서,
오 주여, 호사스러운 자아에서 벗어나

1. 하나님이 큰일을 하라고 부르신다면?

군사로 주를 따르게 하소서.

편안하고 소소한 사랑에서,
쉬운 선택과 연약함에서,
영혼을 견고하게 하는 길도
주께서 십자가를 지신 길도 아닌
갈보리를 흐리게 하는 모든 것에서,
하나님의 어린양이여, 건져주소서.

제 길을 이끌어줄 사랑을,
무엇에도 놀라지 않는 믿음을,
실망에 지치지 않는 소망을,
불처럼 타오르는 열정을 주소서.
납덩이처럼 가라앉지 않게 하소서.
불꽃이신 주여, 저를 주의 연료로 삼으소서.[1]

에이미 카마이클의 글이 이토록 호소력 있는 까닭은 그녀의 독자 중에 자신을 쓸모없는 '납덩이'로 보는 사람이 많기 때문이다. 어쩌면 당신도 언제부터인가 하나님이 나를 통해 큰일을 하실 리가 없다고 입버릇처럼 말해왔는지도 모른다. 그것은 자신이 한없이 부족하게 느껴지거나 배운 게 모자라서 그럴 수도 있다. 혹은 원래 숫기가 없는 데다 자신을 먼지처럼 하찮은 존재라고 생각해서 그랬을 수도 있다.

당신은 거울 속에 비친 자신을 보며 이런 의문에 잠긴다. '하나님이 어떻게 나 같은 사람을 택하실 수 있겠어? 나를 크게 쓰시기는커녕 눈여겨보지도 않으실 것 같은데…. 나는 전혀 자격이 없는 것 같은데.'

솔직히 당신이 그런 경우인가? 거울을 볼 때마다 하나님이 하시려는 큰일이 당신과는 무관하다는 생각이 자꾸만 드는가? 하지만 만약 하나님께 다른 계획이 있다면 어떨까? 하나님이 당신을 택하여 큰일을 맡기기를 바라신다면, 당신은 기꺼이 따르겠는가? 믿음으로 반응하겠는가, 아니면 반대쪽으로 내빼겠는가?

당신이 그런 부르심에 몸을 사릴 것 같다면, 사실 나도 마찬가지다! 당신만 그런 게 아니다. 역사상 하나님이 택하여 크게 쓰신 가장 위대한 인물 중 하나도 사실은 당신과 똑같았다. 그 사람의 이름은 모세다.

## 어느 날 찾아오시는 하나님

원래 모세는 명예의 전당에 오를 만한 지도자감이 아니었다. 다행히 하나님은 크게 쓰실 후보를 물색하실 때 명예의 전당에서 찾지 않으신다. 대개 그분은 패배자와 낙오자를 데리고 시작하신다. 이들은 삶이 망가지고 심령이 짓밟힌 사람들이다. 하나님의 계획을 알게 되던 날 모세도 바로 그런 처지에 놓여 있었다. 그런 그를 통해 하나님은 그분의 백성 히브리인을 이집트의 굴레에서 건져내셨다.

그전에 자신의 삶에 대한 하나님의 부르심을 처음 깨달았을 때, 모세는 소매를 걷어붙이고 직접 나섰다. 하나님의 웅장한 구원 이야기를 담아낸 구약의 책 출애굽기에 그 장면이 고스란히 담겨 있다. 지금부터 나와 함께 시간을 거슬러 이집트로 가보자. 거기서 모세는 바로의 딸의 양자로 자랐다. 출애굽기 2장의 이야기가 전개될 무렵에 그의 나이는 40세였다.

> 모세가 장성한 후에 한번은 자기 형제들에게 나가서 그들이 고되게 노동하는 것을 보더니, 어떤 애굽 사람이 한 히브리 사람 곧 자기 형제를 치는 것을 본지라. 좌우를 살펴 사람이 없음을 보고 그 애굽 사람을 쳐죽여 모래 속에 감추니라(출 2:11-12).

여기 육신을 따라 행동하는 모세가 있다. 그가 직접 나서서 성급히 하나님을 앞서가는 바람에 모든 게 틀어진다. 설상가상으로 그는 살인죄까지 지었다. 바로에게 발각된 그는 결국 미디안 광야로 도주한다. 이야기는 계속되어 이제 모세는 죄짓고 망가진 존재로 사막의 우물가에 앉아 있다. 거기서 만난 한 아가씨가 그를 자기 집으로 데려간다. 결국 그는 미디안 제사장의 딸과 결혼하여 인생의 다음 40년을 장인의 양을 치며 보낸다. 과거는 망각하고 베두인족의 목자처럼 살아간다.

이제 모세는 80세가 되었다. 자신이 보기에 끝장난 인생이기에 아직도 하나님께 자신을 향한 계획이 있으리라고는 상상도 하지 못했다. 피부가 울퉁불퉁한 가죽처럼 거칠어진 이 노인은 지독한 불모지인 외딴 미디안 광야에 처박혀 있다. 틀림없이 광야가 자신의 무덤이 되리라고 확신했을 것이다. 의미 있는 앞날은 없었다. 그러던 어느 날이었다.

모세에게 새로운 날이 열리고 모든 것이 달라졌다. 여느 날과 다름없이 단조로운 일과로 시작하는 하루였다. 우리가 컴퓨터 앞에 앉거나 매장으로 출근할 때, 혹은 등교하거나 가족의 저녁을 짓거나 출장 때문에 비행기를 탈 때처럼 다른 일상과 별 차이가 없었다. 같은 노래의 제41절이었다. 그러던 어느 날 하나님이 무대에 등장하신다.

여기서 잠시 사람들이 흔히 범하는 세 가지 잘못을 지적하고 넘어가는 것이 좋겠다. 삶을 자신이 직접 나서서 주관하려 들면 이렇게 되는데, 모세도 기세등등한 이집트의 왕자일 때는 그랬다.

## 보내심을 받기도 전에 성급히 나서는 우리

때로 우리는 비전의 열정에 떠밀려 너무 일찍 자신의 계획대로 뛰어든다. 모세도 행동의 필요성을 느끼고 하나님의 백성을 압제에서 구하려는 과정에 돌입했다. 하지만 아직 하나님이 그를 그 일로 인도하시기 전이었다. 그는 보내심을 받기도 전에 성급히 행동했고, 충동적인 행동으로 인해 엄청난 참사가 벌어졌다.

## 실패하고 나서 뒤로 빼는 우리

우리는 일을 망친 후에는 뒤로 빼는 경향이 있다. 그러고서 자신의 상처를 핥기 시작한다. 삶을 스스로 망쳤음을 알기에 정서 불안에 빠지고, 불안해서 자꾸 뒤로 숨는다. 다시는 하나님이 자신을 쓰지 않으시리라는 회의도 이때 들기 시작한다. 더 정확히 말하자면, 내가 다시 그분께 쓰일 일은 없을 것이라고 확신한다. 감옥에 다녀왔든 이혼했든 바람을 피웠든, 그 수치 때문에 하나님이 나를 쓰실 기회는 끝났다는 생각이 들 수도 있다. 정서 불안이 생긴 이유야 어찌 됐든, 실패하고 나면 뒷걸음치기가 쉽다.

## 부르심을 받고 나서 저항하는 우리

　모세의 경우처럼 하나님은 어떻게든 찾아오셔서 우리를 깜짝 놀라게 하신다. 우리가 실패한 후에도 그분은 기꺼이 은혜로 우리를 쓰신다. 당신이 미처 준비되어 있지 않다고 생각될 때나 자신이 부족하다고 느껴질 때, 하나님은 그런 상황 속에서도 말씀하실 수 있다. 당신이 그런 기분이 드는 이유는 나이 때문일 수 있다. 당신은 너무 어리거나 너무 늙었다. 또는 신체장애로 힘들어하는 상황이거나 우울증으로 싸우고 있거나 과거의 흑역사 때문에 괴로워하고 있을 수도 있다. 그래서 힘닿는 한, 이 모든 상황을 숨길 수만 있다면 못 할 일이 없다. 원인이 무엇이든, 이런 열등감은 당신의 귀를 막아 하나님의 음성을 듣지 못하게 한다. 요컨대 당신은 열등감 때문에 저항한다.

　모세는 40년간 광야에서 오도 가도 못 한 채 자신과 똑같은 냄새가 나는 양 떼를 쳤다. 피부는 햇볕에 검게 타고 바람에 거칠어졌으며, 끊임없이 몰아치는 사막의 모래에 삭았다. 그의 속마음도 땡볕에 시달린 이마의 겉모습을 닮아 있었다. 그는 지칠 대로 지쳐, 혼자 몸으로 목초지를 떠돌았다. 전성기를 한참 지나 한물간 팔십 노인이었다.

　그런데 그의 진짜 이야기는 바로 그때 시작된다.

　앞서 말했듯이 그날도 여느 날과 같았다. 천사가 하늘에

"모세여, 주목하라! 오늘 하나님이 나타나 말씀하실 것이다. 그분이 불꽃 속에 계실 테니 불붙은 떨기나무를 잘 보라!" 고 메시지를 써주지 않았다. 천만의 말이다. 또 전날 밤 꿈으로 무슨 예고를 받지도 않았다. 그날 아침에도 태양은 지난 40년간 광야에서 생활했을 때와 똑같이 떠올랐다. 일출만이 아니라 뜨겁게 몰아치는 사막의 바람도 똑같았다. 그러다 갑자기 그의 눈길을 끄는 사건이 벌어졌다.

> 모세가 그의 장인 미디안 제사장 이드로의
> 양 떼를 치더니 그 떼를 광야 서쪽으로 인도하여
> 하나님의 산 호렙에 이르매 여호와의 사자가
> 떨기나무 가운데로부터 나오는 불꽃 안에서 그에게
> 나타나시니라. 그가 보니 떨기나무에 불이 붙었으나
> 그 떨기나무가 사라지지 아니하는지라. 이에 모세가
> 이르되 "내가 돌이켜 가서 이 큰 광경을 보리라.
> 떨기나무가 어찌하여 타지 아니하는고" 하니
> (출 3:1-3).

예기치 못한 그 순간에 하나님이 등장하신다. 늘 그런 법이다. 하나님은 예고 없이 나타나신다. 무슨 신성한 산꼭대기에서 우리에게 외치지 않으신다. 다만 그분은 '어느 날'을 계기로 삼아 사실상 이렇게 말씀하신다. "얘야, 거기 있느냐? 듣고 있느냐?" 이것이 그분의 방식이다.

## 풍경이 낯설어질 때

사막은 태양열이 강렬하여 덤불에 자주 불이 붙는다. 모세도 그런 신기한 현상을 수시로 목격했을 것이다. 그런데 이번에는 달랐다. 이 떨기나무는 불이 붙었는데도 타지 않았다. 그것이 모세의 시선을 끌었고, 그래서 그는 상황을 살피러 갔다.

일단 모세의 이목을 끄신 하나님은 말씀하셨다. 때로 하나님은 우리의 호기심을 유발하시려고 충격 요법으로 우리를 일과에서 끌어내신다. 일과는 은근한 적이다. 마치 파놓은 무덤 속으로 굴러떨어지듯이 우리는 정신적 쳇바퀴에 갇힌다. 그렇게 일과에 파묻혀 생각이 멍해져 있으면 하나님의 부르심을 놓치고 만다. 이럴 때 그분은 종종 우리를 뒤흔들어 흐리멍덩한 사고에서 벗어나 주목하게 하신다. 그제야 우리는 깨어나 귀를 기울인다.

모세도 일대 충격에 빠졌다. "모세야, 모세야" 하고 자신의 이름이 들려왔기 때문이다. 목소리의 발원지는 불붙은 떨기나무였다.

여호와께서 그가 보려고 돌이켜 오는 것을 보신지라.

하나님이 떨기나무 가운데서 그를 불러 이르시되
"모세야! 모세야!" 하시매.
그가 이르되 "내가 여기 있나이다"(출 3:4).

잠깐 짚고 넘어갈 것이 있다! 모세는 자신의 이름을 부르는 이가 누구인지도 모른 채 대답부터 했다. 여기서 간단히 히브리어를 공부해보자. 하나님이 이름을 부르시자 모세는 "내가 여기 있나이다"라고 응답한다. 그런데 히브리어 원어에는 역본에 살려내지 못한 뉘앙스가 깔려 있다. 모세의 입에서 나온 '히네니'(Hineni)라는 말은 "저건 나인데!"라는 뜻의 히브리어 관용구다.

다시 말해서, 모세는 불붙은 떨기나무에서 자신의 이름이 들려오자 틀림없이 대경실색했을 것이다! 상상할 수 있겠는가? 수십 년째 그는 사실상 무명인 존재로 장인을 섬겼다. 이집트의 왕자로서 누리던 영화와 명성은 두고 온 지 오래였다. 즉, 그는 잊힌 사람이었다. 그런데 난데없이 불쑥 자신의 이름이 들려왔다. 황량한 사막의 구석진 오지에 그의 이름을 발음하는 육성이 있었다. 하나님은 그렇게 역사하실 때가 많다. 그렇게 사람들을 불러 이후부터 큰 영향을 미치게 하신다.

이 모든 일이 어느 날 벌어진다. 당신이 가장 예상하지 못했을 때다. 가장 준비되어 있지 못하고 전혀 감당할 능력이 없다고 느껴질 때다. 바로 그때 그분이 당신의 이름을 부르신다. 이 사실을 잊지 말라!

내 생각에 오늘날에는 하나님이 육성으로 말씀하지 않으신다. 적어도 그것이 일반적 소통 방식은 아니다. 그러나 모세 시대에는 성경이 완성되지 않았기 때문에 하나님이 그분의 종들에게 꿈으로 말씀하시거나 천사를 통해 나타나셨다. 또는 본문의 경우처럼 자연물을 통해 초자연적으로 말씀하시기도 했다(히 1:1 참고).

오늘날 하나님은 당신이 배웠던 성경 내용을 생각나게 하실 수 있다. 스승이나 경건한 친구나 부모를 통해 말씀하실 수도 있다. 설득력 있는 설교나 노래 가사를 통해서도 그분의 음성이 들려올 수 있다. 물론 그분과 단둘이 기도하고 성경을 읽으며 묵상하는 고요한 시간에도 그분 자신을 계시해주신다. 요컨대 그분은 지금도 말씀하신다. 당신에게 큰일을 맡기려는 자신의 계획을 그런 순간에 보여주신다.

하나님은 모세를 멈추어 세우시고, 초자연적 현상으로 주의를 사로잡으신 뒤 그분의 계획을 보여주셨다. 아마 모세의 심장 박동이 좀 더 빨라졌을 것이다. 아직도 이집트에 속박되어 있던 히브리 동족에 관한 메시지였기 때문이다. 그러나 똑같은 떨기나무에서 뒤이어 들려온 말씀은 그의 상상을 초월했다.

"이제 가라. 이스라엘 자손의 부르짖음이 내게 달하고 애굽 사람이 그들을 괴롭히는 학대도 내가 보았으니 이제 내가 너를 바로에게 보내어 너에게 내 백성 이스라엘 자손을 애굽에서 인도하여 내게 하리라"(출 3:9-10).

10절을 잘 보면 여백에 바퀴의 급정거 자국이 보일 것이다(사실은 원본에만 있다!). 불현듯 모세는 하나님이 하시는 말씀에 자신이 등장함을 깨달았다. 이스라엘을 속박에서 건져내려는 종합적인 계획의 수행자로 하나님이 자신을 지명하신 것이다. 백성을 이끌어 해방할 사람으로 하나님은 그를 택하셨다. 이어지는 내용은 이를 싫다며 저항하는 종의 전형적인 사례가 나온다. 앞서 말했듯이, 우리가 부르심을 받을 때 저항하는 것은 열등감 때문이다.

## 저항을 해부한다

저항은 하나님보다 우리 자신이 상황을 더 잘 안다는 생각에서 비롯된다. 하나님이 우리의 상황을 주관해주시는 것까지는 좋다. 하지만 우리는 그분의 주된 도구로 쓰일 마음이 없다. 왜 그럴까? 그 일에 관해 하나님보다 자신이 더 잘 안다고 생각하기 때문이다. 잘 생각해보라. 당신 인생에서 최고의 10년이 아직 오지 않았을 수도 있는데, 어쩌면 당신은 자신을 향한 하나님의 계획을 지레 일축해버린 것일 수도 있다. 모세처럼 당신과 당신의 가정도 하나님이 분명히 밝혀주신 뜻에 일부러 저항해왔을지도 모른다.

당신이 그런 경우라면 나도 바로 그 심정을 안다. 나야말로 하나님을 위해 큰일을 할 싹수라고는 전혀 없었다. 나는 어렸을 때 훌륭한 학생이나 운동선수가 아니었고, 고등학교 때도 별로 두각을 드러내지 못했다. 해병대 시절에도 영웅으로 수훈을 세우기는커녕 평범한 군인에 불과했다. 그런데 떨기나무에서 음성이 들려와 나를 사역의 길로 부르셨다. 맨 처음에 내가 보인 반응은 이랬다. "주님, 주님한테서는 아니지만 전에 아내에게서 이런 말을 들은 적이 있습니다. 아내가 제게 사역의 길을 권했으나 제가 마다했습니다." (스스로 자격이 없다고 생각했고, 그런 열등감이 저항을 부추겼다.)

하나님이 우리를 택하여 큰일을 맡기려 하실 때 우리는 다짜고짜 저항할 때가 너무 많다. 그래서 그분의 계획을 밀쳐낸다. 자신이 정말 준비됐는지, 그 일을 할 자격이 있는지 의심한다. 모세도 예외는 아니었다. 그의 반응에서 하나님의 명백한 부르심에 저항하는 네 가지 흔한 변명을 볼 수 있다.

## "나는 답을 다 모릅니다"

모세는 이스라엘 동족에게서 제기될 여러 필연적 질문에 자신이 능히 답하지 못할까 봐 두려워했다.

> 모세가 하나님께 아뢰되 "내가 이스라엘 자손에게 가서 이르기를, '너희의 조상의 하나님이 나를 너희에게 보내셨다' 하면 그들이 내게 묻기를 '그의 이름이 무엇이냐?' 하리니 내가 무엇이라고 그들에게 말하리이까?"(출 3:13)

하나님의 부르심에 저항하는 흔한 변명 중 첫 번째는 답을 다 모른다는 것이다. 모세는 이런 말로 하나님의 계획에 항의했다. "그들이 이것저것 물을 텐데 저는 답을 모릅니다. 제가 상대할 문제들은 제 권한 밖의 일입니다. 아시다시피 지난 40년 동안 제 말 상대라고는 양 떼뿐이었습니다!"

인간의 본성으로는 답을 다 모르는 한, 우리를 향한 하나님의 계획을 절대 믿을 수 없다고 스스로 다그치게 된다. 이때의 모세는 자신을 공식의 가장 중요한 변수로 생각했다. 자신이 주인공이었다. 이것이 저항의 핵심이다. 여전히 당신 자신이 중요하다면 체면을 잃거나 자신의 평판이 나빠질까 봐 두려운 법이다. 사람들이 어떻게 말하거나 생각할지 두렵고, 비웃음을 살까 봐 두렵다. 하나님이 당신을 택하여 맡기시는 일에 가족이 어떻게 반응할지도 두렵다. 동료들은 또 어떻게 생각할까? 그러나 하나님은 두려워하는 이런 우리의 반응에 구애받지 않으신다. 모세에게 주신 답변을 보면 그 이유를 알 수 있다.

> 모세가 하나님께 아뢰되 "내가 이스라엘 자손에게 가서 이르기를 '너희의 조상의 하나님이 나를 너희에게 보내셨다' 하면 그들이 내게 묻기를 '그의 이름이 무엇이냐?' 하리니 내가 무엇이라고 그들에게 말하리이까?"
> 하나님이 모세에게 이르시되 "나는 스스로 있는 자이니라. 또 이르시되 너는 이스라엘 자손에게 이같이 이르기를 '스스로 있는 자가 나를 너희에게 보내셨다' 하라"(출 3:13-14).

명답이 아닌가? "나는 스스로 있는 자이니라." 이것으로 웬만한 의문은 다 해결된다. 모세는 하나님의 부르심이 자신과 무관하며 전적으로 그분의 소관임을 알아야 했다! 그에게 필요한 유일한 답은 하나님 자신이었다. 그분의 이름을 말하라. 그러면 모든 답이 제자리를 찾게 되어 있다.

내 오랜 친구인 론 앨런Ron Allen과 나누었던 대화가 생각난다. 히브리어 학자이자 댈러스 신학대학원 구약학 교수인 그가 이 본문에 대한 설득력 있는 통찰을 전해주었다. 그에 따르면, 고대 히브리인은 다른 사람들 앞에 누군가를 대변할 때 "당신의 이름을 말하겠습니다"라는 표현을 썼다고 한다. "당신을 기억하겠습니다"라고 하지 않고 "당신의 이름을 말하겠습니다"라고 했다는 것이다. 하나님이 모세에게 시키신 일도 사실상 똑같다. 단순히 그분의 이름을 말하라고 모세에게 명하셨다. 내가 보기에 이는 참으로 놀라운 일이며, 신기하게도 우리를 안심시켜준다!

하나님이 당신을 택하여 큰일을 하게 하실 때 당신은 자신에 대해 반응할 게 아니라("저는 못 합니다") 그분에 대해 반응해야 한다("나는 스스로 있는 자이니라").

이렇게 접근하면 다른 무엇으로도 얻을 수 없는 용기와 확신이 생겨난다. 나도 성경을 설교하고 가르칠 때면 함량이 부족한 나 자신이 부적격자로 느껴질 때가 많다. 그러나 주일마다 앞에 서서 말할 때 나는 나 자신을 대변하는 게 아니다. 나에게 있는 것이라고는 사견뿐이며, 그 가치는 당신이나 다른 누구의 사견보다 나을 게 없다. 그러나 내가 하나님의 말씀을 전하면 성경 속의 "스스로 있는 자"께서 말씀하신다. 바로 이 진리에서 큰 확신을 얻어, 말하고 행동할 수 있는 것이다.

그런데 모세의 저항과 변명은 아직 끝나지 않았다. 여기 그가 하나님의 계획에 저항하며 내세운 두 번째 변명이 있다.

### "사람들이 나를 인정하지 않습니다"

자신을 보내시는 분이 누구인지를 하나님이 명확히 설명하신 후에도 이 늙은 목자는 주저하며 끈질기게 저항했다. 그는 하나님의 백성에게 인정받지 못할까 봐 두려워했다. 그의 반응에서 깊은 열패감을 볼 수 있다.

> 모세가 대답하여 이르되, "그러나 그들이 나를
> 믿지 아니하며 내 말을 듣지 아니하고 이르기를
> '여호와께서 네게 나타나지 아니하셨다'
> 하리이다"(출 4:1).

이제 당신은 모세가 다음과 같이 확신했으리라고 생각할 것이다. 그러나 그가 80세였음을 잊지 말라. 당연히 그는 아주 완고했다. 사실 그의 반응은 몇 가지 전형적 가정(假定)된 진술로 가득 차 있다. '염려하는 말'이라고도 할 수 있는데, 그 출처는 두려움이다. 두려움 때문에 우리는 시각이 흐려져 최악의 경우를 생각한다.

모세가 염려한 것은 무엇인가? 자신을 염려했고, 이스라엘 백성이 자신을 어떻게 볼지를 염려했다. 이는 자아상의 문제다. 두려움 때문에 우리는 주님께 집중하지 않고 자신에게 집중한다. 두려우면 우리의 부족함은 부각하고, 하나님의 능력은 축소된다. 그러니 하나님이 친히 응답해주셔서, 여러 차례 그분의 능력을 보여주신 것도 놀랄 일은 아니다.

> 여호와께서 그에게 이르시되 "네 손에 있는 것이 무엇이냐?" 그가 이르되 "지팡이니이다."
> 여호와께서 이르시되 "그것을 땅에 던지라" 하시매 곧 땅에 던지니 그것이 뱀이 된지라. 모세가 뱀 앞에서 피하매.
> 여호와께서 모세에게 이르시되 "네 손을 내밀어 그 꼬리를 잡으라." 그가 손을 내밀어 그것을 잡으니 그의 손에서 지팡이가 된지라.
> 이는 "그들에게 그들의 조상의 하나님 곧 아브라함의 하나님, 이삭의 하나님, 야곱의 하나님 여호와가 네게 나타난 줄을 믿게 하려 함이라" 하시고.
> 여호와께서 또 그에게 이르시되 "네 손을 품에 넣으라" 하시매 그가 손을 품에 넣었다가 내어보니 그의 손에 나병이 생겨 눈같이 된지라.
> 이르시되 "네 손을 다시 품에 넣으라" 하시매 그가 다시 손을 품에 넣었다가 내어보니 그의 손이 본래의

살로 되돌아왔더라.

여호와께서 이르시되 "만일 그들이 너를 믿지
아니하며 그 처음 표적의 표징을 받지 아니하여도
나중 표적의 표징은 믿으리라. 그들이 이 두 이적을
믿지 아니하며 네 말을 듣지 아니하거든 너는
나일강 물을 조금 떠다가 땅에 부으라. 네가 떠온
나일강 물이 땅에서 피가 되리라"(출 4:2-9).

왜 하나님은 공들여 이런 시연을 거치셨을까? 소임을 감당하는 데 필요한 것이라면 무엇이든 다 그분이 주시리라는 확신을 모세에게 심어주기 위해서였다. 주님의 대답은 이런 것이었다. "모세야, 그냥 가라. 네 지팡이를 들고 물러서서 내가 하는 일을 지켜봐라. 염려하지 말아라. 내 모든 능력이 너에게 머물 것이다." 그 똑같은 진리를 하나님은 당신에게도 말씀하신다. 당신을 택하여 큰일을 맡기실 때는 특히 더하다. 그분은 분명한 계획을 내놓으실 뿐 아니라 그대로 수행할 능력도 무제한으로 공급하신다. 놀랍게도 모세는 또 다른 반론을 펼친다.

### "나는 재주가 모자랍니다"

아직도 긴가민가한 모세는 주님의 계획에 또 다른 우려를 제기하며 항변했다. "오 주여, 나는 본래 말을 잘하지 못하는 자니이다. 주께서 주의 종에게 명령하신 후에도 역시 그러하니 나는 입이 뻣뻣하고 혀가 둔한 자니이다"(출 4:10). "나는 재주가 모자랍니다"라는 전형적 저항 전술이었다. 아마 모세는 말을 더듬었던 모양인데, 이에 대한 자의식이 강했다. 하나님의 이번 계획에는 주로 대중 연설을 할 필요가 있었으므로, 그 일을 생각하는 모세의 머릿속에는 이 장애가 문젯거리였다. 이에 대해 하나님이 하신 말씀을 잘 보라.

> 여호와께서 그에게 이르시되 "누가 사람의 입을 지었느냐? 누가 말 못 하는 자나 못 듣는 자나 눈 밝은 자나 맹인이 되게 하였느냐? 나 여호와가 아니냐! 이제 가라. 내가 네 입과 함께 있어서 할 말을 가르치리라"(출 4:11-12).

하나님의 답변에 모세의 두려움은 완전히 근거가 무너져 내렸다. "내가 너를 그렇게 지었느니라." 그분이 모세에게 일깨우셨듯이, 짐작되는 장애까지 포함하여 모세의 모든 것을 미리 정하신 분은 바로 하나님이셨다. 그러니 그는 변명의 여지가 없었다.

이 부분에서 힘들어하는 사람을 나는 참 많이 접했다. 그들은 자신의 삶을 향한 하나님의 계획에 속으로 이렇게 이의를 제기한다.

- 나는 매력이 없다.
- 나는 키가 너무 작다.
- 나는 별로 똑똑하지 않다.
- 나는 우울증에 시달린다.
- 나는 사람들 앞에서 말하는 게 두렵다.
- 나는, 나는, 나는, 나는….

이런 모든 반론은 우리 삶을 설계하신 하나님의 주권 앞에서 힘을 잃는다. 그분이 우리를 이렇게 지으신 목적은 우리 안에 그리고 우리를 통해 그분의 능력을 나타내시기 위해서다(시 139편 참고). 바로 앞의 문장을 다시 읽어보라. 이 진리 하나에만도 당신 안에 확고히 자리한 장애 개념을 변화시킬 위력이 있다.

확신컨대 에이미 카마이클도 비슷한 두려움과 부정적 생각에 맞서 싸웠을 것이다. 그런데도 하나님은 그녀를 택하여 큰일을 하게 하셨다. 그녀에게 능력을 주셔서, 신체적 한계가 있음에도 하루하루 놀라운 일을 이루어나가게 하셨다.

나도 똑같은 진리를 경험한 날들이 있다. 그럴 때는 준비가 부족하거나 스스로 못났다고 느껴지거나 실패가 두려운데도, 하나님이 주신 능력이 내 재주를 능가한다. 설교 중에 어떤 진리를 말하고 나서 보면 내 원고나 계획에 없던 말이었다. 또 어떤 일을 완수하고 나서 보면 그 힘이 내게서 나지 않았음을 깨닫는다. 이런 초과분의 에너지는 하나님이 부어주신 능력일 수밖에 없다.

하나님은 모세에게 "내가 네 입과 함께 있어서 할 말을 가르치리라"고 말씀하셨다. 이는 모세나 우리에게 얼마나 장엄한 약속인가? 이제 모세의 변명거리도 다 떨어지고 있었다. 그런데도 그는 용케 수를 내서 마지막 반론을 제시한다.

### "나는 남들만큼 자격이 없습니다"

모세의 마지막 반응은 하나님을 노엽게 했다.

> 모세가 이르되 "오 주여, 보낼 만한 자를 보내소서."
> 여호와께서 모세를 향하여 노하여 이르시되 "레위
> 사람 네 형 아론이 있지 아니하냐? 그가 말 잘하는
> 것을 내가 아노라. 그가 너를 만나러 나오나니 그가
> 너를 볼 때에 그의 마음에 기쁨이 있을 것이라.
> 너는 그에게 말하고 그의 입에 할 말을 주라. 내가
> 네 입과 그의 입에 함께 있어서 너희들이 행할 일을
> 가르치리라"(출 4:13-15).

주님께는 당신이나 나의 '특별한' 무엇이 필요하지 않다. 물론 우리의 지혜도 그분께 필요 없다. 그분이 주권적으로 당신을 택하여 큰일을 맡기실 때, 그 일을 수행할 방법에 대한 당신의 조언은 그분께 필요 없다. 모세는 그 진리를 깨우치지 못했고, 우리도 그럴 때가 많다. 우리는 온갖 변명에 사로잡힌 나머지 하나님의 부르심의 전체 요지를 놓친다. 그분은 우리를 통해 큰일을 이루시고자 먼저 우리 안에 큰일을 행하신다. 하나님이 우리를 택하시는 목적에는 대개 그분의 능력에 대한 우리의 믿음과 신뢰를 더 크고 깊어지게 하시는 일도 포함된다.

모세의 반응은 겸손이라기보다 불순종이었다. 곧 믿음이 턱없이 부족하다는 증거였다. 그런데 주님의 지시인 줄 뻔히 알면서도 그 말씀대로 하지 않는다면, 선을 넘는 것이다. 그것은 겸손이 아니라 불순종이며 사실은 반항에 가깝다! 하나님의 부르심에 합당한 반응은 순종뿐이다. 모세는 그 교훈을 배워야 했다.

## 지금도 역사하시는 하나님

이 웅대한 이야기를 마치기 전에, 거기서 도출되는 두 가지 필수 진리를 생각할 필요가 있다. 둘 다 잘 생각해보면, 당신이 지금 어떤 상황에 있든지 거기에 적용해볼 수 있다.

## 하나님이 하시는 큰일이 끝났다고 절대 생각하지 말라

이 진술은 당신이 30대든 이미 80대에 접어들었든 똑같이 사실이다. 당신이 우울증과 싸우고 있거나 인간관계 때문에 힘들거나 당신의 일을 아무도 알아주지 않는다고 해도 똑같이 적용된다. 심지어 당신을 통해 일하시는 그분을 본 적이 없거나 그분이 맡기신 일을 수행하는 자신을 도저히 상상할 수 없다고 해도 마찬가지다. 하나님은 당신과 아직 끝나지 않으셨다! 과거에 도저히 아닌 것 같은 사람을 선택하여 큰일을 맡기신 분이라면, 오늘날에도 충분히 똑같이 하실 수 있다. 이는 그분의 주권적 권리다.

## 하나님이 당신을 통해 하시는 큰일이 끝났다고 절대 생각하지 말라

당신의 과거가 어떠했고 현재의 고민이 무엇이든, 하나님은 여전히 당신을 택하여 큰일을 맡기실 수 있다. 그분은 당신을 통해 그분 자신의 무한한 능력을 드러내셔서, 그 과정에서 친히 영광을 받기 원하신다. 이것이 모세의 인생 이야기에서 당신이 받아들여야 할 진리다.

이 성경 본문에는 내 이야기도 얽혀 있어 더욱 경탄을 금할 수가 없다. 나도 오랫동안 말을 더듬다가 나중에 한 현명한 언어 교사의 도움으로 그 장애를 극복했다. 그런데도 이런 고민에 뒤따르는 두려움을 지금도 느낀다.

하나님이 우리를 통해 하시는 일이 아직 끝나지 않았다는 개념은, 이 교훈을 잘 매듭지어주는 다른 성경 본문을 떠올리게 한다. 모세 시대 수천 년 후에 위대한 사도 바울이 쓴 말이다. 사역 말년에 바울은 젊은 제자 디모데를 격려하면서 이렇게 정곡을 찔렀다.

> 나를 능하게 하신 그리스도 예수 우리 주께
> 내가 감사함은, 나를 충성되이 여겨 내게 직분을
> 맡기심이니. 내가 전에는 비방자요 박해자요
> 폭행자였으나 도리어 긍휼을 입은 것은 내가 믿지
> 아니할 때에 알지 못하고 행하였음이라. 우리 주의
> 은혜가 그리스도 예수 안에 있는 믿음과 사랑과
> 함께 넘치도록 풍성하였도다(딤전 1:12-14).

믿지 않고 박해와 비방을 일삼던 교만한 사울이 나중에 지구 역사상 예수 그리스도의 복음을 가장 효과적으로 전하는 사람이 되었다. 다소의 사울이 말이다! 그는 하나님이 자신을 택하여 큰일을 하게 하실 줄은 꿈에도 몰랐다. 그런데 하나님은 그렇게 하셨다. 그리고 나머지는 그분의 역사가 되었다!

## 며칠 후에 벌어진 일

어쩌면 모세의 삶에서 얻는 가장 큰 교훈은 며칠 후에 벌어진 일만 봐도 알 수 있다. 앞질러 가면 나온다. 모세와 아론이 하나님의 계획대로 했을 때 어떻게 되었는지 잘 보라.

> 모세와 아론이 가서 이스라엘 자손의 모든 장로를 모으고 아론이 여호와께서 모세에게 이르신 모든 말씀을 전하고 그 백성 앞에서 이적을 행하니 백성이 믿으며 "여호와께서 이스라엘 자손을 찾으시고 그들의 고난을 살피셨다" 함을 듣고 머리 숙여 경배하였더라(출 4:29-31).

보았는가? 하나님의 백성은 왈가왈부하거나 계획에 의문을 제기하지 않았다. 성경에서 보듯이 "머리 숙여 경배"했다. 내 생각에 모세는 이날 밤 천막에서 밀짚 베개를 베고 누울 때, 떨기나무가 계속 타오르던 이유를 드디어 깨달았을 것이다. 이는 하나님이 하시려는 일의 시작이었다. 그리고 이 일이 이스라엘 백성에게 미치는 영향은 역사에 면면히 이어진다. 이 모두가 하나님이 그를 택하여 큰일을 맡기시는 과정이었다. 그러니 다음번에 당신에게 '만약 내가 한물간 존재라면? 내 사역의 날과 하나님을 섬길 시기가 다 지나버렸다면?'이라는 의문이 들면, 그 질문을 바꾸어 이렇게 생각하라. '만약 하나님이 나를 택하여 큰일을 하게 하신다면?'

* 제2장 *

# 한순간에
# 모든 것을 잃는다면?

―――

갑작스러운 상실을 겪을 때를 위한 하나님 말씀

삶은 여느 때처럼 순항할 수 있다. 그러다 순식간에 모든 것이 무너진다. 그런 갑작스러운 상실의 순간을 맞닥뜨리면, 삶을 거의 감당할 수 없는 지경이 된다. 자녀가 죽거나 집을 잃거나 병이나 부상으로 쇠약해지는 순간 말이다. 이런 비극은 졸지에 닥쳐와 우리를 정서적으로 완전히 무너뜨린다. 만약에 당신이 모든 것을 잃게 된다면 어떻게 하겠는가? 그런 순간에 어떻게 반응하겠는가?

일본이 진주만을 폭격하던 1941년 12월 7일, 미국은 한순간에 안전감을 잃었다. 당시 나는 어린아이였다. 부모님과 형과 누나와 차를 타고 텍사스주 남부 휴양지로 가던 길이었다. 차의 라디오로 침공 뉴스를 들은 아버지는 "그만 돌아가자. 전쟁통에 휴가를 갈 수는 없어"라고 말씀하셨다. 모든 것이 달라졌다. 다시 웃을 날이 올지 의문이었다. 갑자기 삶은 감당할 수 없는 것처럼 보였다.

  1963년 11월 22일 미국은 졸지에 대통령을 잃었다. 존 F. 케네디가 댈러스에서 암살당한 것이다. 내 연배 이하의 많은 사람은 그 비참한 사건이 발생했을 때 자신이 어디에 있었는지 기억한다.

  2001년 9월 11일에 있었던 사건을 잊을 사람이 있을까. 그날 죄 없는 수천 명이 졸지에 목숨을 잃었고, 더불어 우리의 자유도 일부 사라졌다. 테러단이 뉴욕의 쌍둥이 빌딩과 워싱턴 DC의 국방부 건물을 공격한 날이다. 공격의 결과로 쌍둥이 건물이 무너지면서 평소처럼 출근했던 많은 사람의 목숨을 앗아갔다. 이 야만적 행위는 미국인이라는 정체성의 심장부를 강타했다. 한순간에 모든 것이 달라 보였고, 졸지에 우리 삶은 두려움으로 가득 찼다.

  일본 도호쿠 지역 주민들은 2011년 3월 11일에 모든 것을 잃었다. 심해에서 발생한 강진이 거대한 해일을 일으켜 일대를 완전히 폐허로 만들었다. 파도가 휩쓸고 간 해안마다 동네가 완파되면서 주민들도 실종되고, 무수히 많은 주택과 회사 건물과 자동차와 버스가 유실되었다. 사망자만도 거의 25만 명에 달했다. 이상은 내가 떠올릴 수 있는 대규모 재난의 몇 가지 예에 불과하다. 때로 위기는 더 신변에 가까이 들이닥치기도 한다. 규모는 작을지 몰라도 참담한 심정만은 똑같다.

내 아내 신시아는 네 살 때 목격했던 비통한 장면을 지금도 꽤 자세히 기억한다. 아직 아기였던 여동생을 품에 안은 엄마와 함께 아내는 자기 집이 전소되는 광경을 무력하게 지켜봐야 했다. 텍사스주 타일러 외곽에 있던 작은 농가였는데, 전 재산이 잿더미로 변했다.

근년에 우리는 대형 허리케인과 무시무시한 홍수에 집들이 통째로 떠내려가는 장면도 목격했다. 그 바람에 무수한 이재민의 희망과 꿈도 쓸려나갔다. 그것으로도 모자란다는 듯 더 잔인한 비극이 또 있다. 천진한 아이들로 가득한 교실에 악한이 들어가 총기를 난사하여 끔찍한 학살을 자행하는 경우다. 졸지에 부모는 자식을 잃는다. 이런 순간에는 삶을 감당할 수 없게 된다. 만약 당신이 모든 것을 잃게 된다면 어떻게 하겠는가?

"설마 나한테 그런 일이 일어나겠어?"라고 생각할지도 모른다. 하지만 속단은 금물이다. 당신도 모른다. 당신도 나도 살 만큼 살았으니 그런 일이 우리 중 누구에게나 언제고 일어날 수 있음을 안다. 또 다른 폭격, 테러 공격, 폭발, 무차별 살해, 끔찍한 교통사고 등 이런 사고들 때문에 말 못 할 상실과 치명적 피해, 지독한 고생을 겪을 수 있다.

아내와 내가 오래전에 알던 한 가정이 그런 비극을 겪었다. 그날 밤 그 집의 아내는 남편의 전송을 받으며 차를 몰아 세 자녀와 함께 근처 체육관으로 갔다. 아이들이 체조 선수라서 대회에 나가려고 훈련을 받고 있었다.

그런데 그날 밤 아무도 집에 돌아오지 않았다. 남편은 기다리다 점점 불안해졌고, 문득 멀리서 들려오는 사이렌 소리에 등골이 오싹해졌다. 차를 몰고 집 근처의 언덕을 넘어가 보니 끔찍한 교통사고가 나 있었다. 구급차의 점멸등을 보고서 가슴이 철렁했다.

나중에 알고 보니 아내와 세 자녀가 끔찍한 정면충돌 사고로 목숨을 잃었다. 모두 즉사했다. 그는 충격과 환멸과 비탄에 잠겨 눈앞이 캄캄해졌다. 텅 빈 집이며 사랑하는 가족이 없는 앞날이 마냥 허무하게만 느껴졌다. 졸지에 삶을 감당할 수 없게 되었다. 그는 모든 것을 잃었다.

누구도 상실에서 자유롭지 못하다. 당신의 삶에 아직 비극이 닥치지 않았다고 해도, 어떤 위기에 맞닥뜨리기까지는 시간문제일 뿐이다. 깨어지고 타락한 이 세상에서 완전한 안전과 안위는 보장되지 않는다. 그중에서도 창졸간의 비탄과 참담한 상실을 먼 옛날의 이 사람보다 더 혹독하게 겪은 사람은 별로 없을 것이다. 그의 이름은 욥이다.

## 욥의 비참한 상실

우선 배경을 살피기 위해 고대의 알려지지 않은 곳으로 함께 가보자. 무대의 때와 장소는 세월 속에 묻혀 구약학자들도 우스 땅이 정확히 어디인지 모른다. 그런데도 욥의 이야기는 잊힐 수가 없다.

> 우스 땅에 욥이라 불리는 사람이 있었는데 그
> 사람은 온전하고 정직하여 하나님을 경외하며
> 악에서 떠난 자더라. 그에게 아들 일곱과 딸 셋이
> 태어나니라. 그의 소유물은 양이 칠천 마리요
> 낙타가 삼천 마리요 소가 오백 겨리요 암나귀가
> 오백 마리이며 종도 많이 있었으니 이 사람은 동방
> 사람 중에 가장 훌륭한 자라(욥 1:1-3).

먼 그곳에서 욥은 자신이 애써 일군 풍요를 누리며 평화로이 살고 있었다. 대가족의 사랑에 못내 흡족해하면서 말이다. 배경이 하도 목가적이어서 현실이 아닌 것만 같다. 고대의 불명확한 장소에서 우리가 만나는 이 사람은 자신의 앞날이 어떻게 될지를 전혀 몰랐다. 그러다 졸지에 모든 것이 달라졌다. 그는 모든 것을 잃었다. 경고도 없었고 사전 지식도 없었다. 밤중에 이렇게 속삭이는 세미한 음성도 없었다. "욥이여, 내일 모든 것을 잃을 테니 준비하고 있어라!"

욥은 하나님이 참으로 복을 베푸신 주목할 만한 사람이었다. 성경에 "그 사람은 온전하고 정직하여 하나님을 경외하며 악에서 떠난 자"(욥 1:1)라고 분명히 밝혔다. 그에게는 아들 일곱과 딸 셋이 있었는데, 모두 장성하여 일가를 이루어 부모와 가까이 살았다. 정직한 노동의 열매, 하나님의 은총, 가족의 사랑을 두루 갖춘 욥의 삶은 노후 생활의 이상적 시나리오였다. 게다가 그는 부유하기까지 했다! 내 계산이 맞는다면 그가 소유한 동물이 11,000마리인데, 이는 당대에 그가 상당한 수준의 재력가였다는 뜻이다. (여담이지만 올바른 수단으로 얻은 부라면 막대한 부를 누리는 삶도 하나님 보시기에 전혀 잘못이 아니다.) 욥이 누린 복은 하나님이 그가 올바른 삶을 사는 것을 보시고 복을 베푸신 결과였다.

욥은 재정 면에서만이 아니라 중보 기도를 포함한 예배 면에서도 가족을 잘 이끌었다(욥 1:4-5 참고). 다만 그가 몰랐던 사실이 있다. 그가 목가적 삶을 누리던 바로 그때 전능하신 하나님과 사탄 사이에 신비로운 회의가 진행되고 있었다. 그 회의의 결과로, 이 땅에 사는 욥의 모든 상황이 달라진다. 천상에서 이루어진 그 이상한 장면을 읽어보면 이렇게 전개된다.

하루는 하나님의 아들들이 와서 여호와 앞에 섰고

사탄도 그들 가운데에 온지라 여호와께서 사탄에게
이르시되 "네가 어디서 왔느냐?"
사탄이 여호와께 대답하여 이르되 "땅을 두루 돌아
여기저기 다녀왔나이다."
여호와께서 사탄에게 이르시되 "네가 내 종 욥을
주의하여 보았느냐? 그와 같이 온전하고 정직하여
하나님을 경외하며 악에서 떠난 자는 세상에
없느니라."
사탄이 여호와께 대답하여 이르되 "욥이 어찌 까닭
없이 하나님을 경외하리이까? 주께서 그와 그의
집과 그의 모든 소유물을 울타리로 두르심 때문이
아니니이까? 주께서 그의 손으로 하는 바를 복되게
하사 그의 소유물이 땅에 넘치게 하셨음이니이다.
이제 주의 손을 펴서 그의 모든 소유물을 치소서.
그리하시면 틀림없이 주를 향하여 욕하지
않겠나이까?"
여호와께서 사탄에게 이르시되 "내가 그의
소유물을 다 네 손에 맡기노라. 다만 그의 몸에는
네 손을 대지 말지니라. 사탄이 곧 여호와 앞에서
물러가니라"(욥 1:6-12).

성경의 극히 드문 이 사건을 통해 우리는 갑자기 지상

의 무대에서 들어 올려져 셋째 하늘로 안내된다. 주 하나님이 보좌에 거하시는 곳인데, 성경의 이야기 속에는 "여호와 앞"이라고 표현되어 있다.

여기서 잠시 멈추어 당신에게 아주 중요한 사실을 상기시켜도 될까? 주님이 당신을 아시는지 혹시라도 의심이 든다면 더는 의심하지 말라. 그분은 당신이 정확히 어디에 있는지 아신다(시 139편 참고). 당신이 무엇을 하고 있으며 무슨 생각을 하는지도 훤히 아신다. 그분은 당신의 형편을 속속들이 아신다. 당신 삶의 제반 요소를 아시며, 당신의 모든 것을 주권적으로 감독하신다. 우리의 그 어떤 것도 그분께 숨겨져 있지 않다. 오늘날의 당신과 내 경우도 그렇고, 그 옛날의 욥도 마찬가지였다. (이렇게 상기시킨 데 대해 따로 비용은 받지 않겠다.)

이제 우스의 목장으로 다시 돌아간다. 하루 사이에 욥의 모든 것이 달라졌다.

> 하루는 욥의 자녀들이 그 맏아들의 집에서 음식을 먹으며 포도주를 마실 때에 사환이 욥에게 와서 아뢰되 "소는 밭을 갈고 나귀는 그 곁에서 풀을 먹는데 스바 사람이 갑자기[문제의 그 단어다!] 이르러 그것들을 빼앗고 칼로 종들을 죽였나이다. 나만 홀로 피하였으므로 주인께 아뢰러 왔나이다." 그가 아직 말하는 동안에 또 한 사람이 와서 아뢰되

"하나님의 불이 하늘에서 떨어져서 양과 종들을
살라버렸나이다. 나만 홀로 피하였으므로 주인께
아뢰러 왔나이다."
그가 아직 말하는 동안에 또 한 사람이 와서 아뢰되
"갈대아 사람이 세 무리를 지어 갑자기 낙타에게
달려들어 그것을 빼앗으며 칼로 종들을 죽였나이다.
나만 홀로 피하였으므로 주인께 아뢰러 왔나이다."
그가 아직 말하는 동안에 또 한 사람이 와서
아뢰되 "주인의 자녀들이 그들의 맏아들의 집에서
음식을 먹으며 포도주를 마시는데 거친 들에서
큰바람이 와서 집 네 모퉁이를 치매 그 청년들
위에 무너지므로 그들이 죽었나이다. 나만 홀로
피하였으므로 주인께 아뢰러 왔나이다 한지라"
(욥 1:13-19).

이 시나리오에 반응하는 부모의 목소리가 귀에 들리는 듯하다. "안 돼! 안 돼! 그만! 소와 양과 낙타까지는 감당할 수 있다. 목장의 모든 손실도 감수할 수 있다. 축적해온 전 재산을 졸지에 잃었지만 거기까지는 문제없다. 호구지책이 사라진 것도 괜찮다. 그러나 내 자녀들까지 잃다니! 그럼 나는 다 잃은 것이다!" 나로서는 그 장면이 가히 상상이 안 된다.

그런데 욥의 상실은 아직 끝나지 않았다. 천상의 회의가 다시 소집되자 사탄이 또 등장하여 참소한다.

> 또 하루는 하나님의 아들들이 와서 여호와 앞에 서고 사탄도 그들 가운데에 와서 여호와 앞에 서니 여호와께서 사탄에게 이르시되 "네가 어디서 왔느냐."
> 사탄이 여호와께 대답하여 이르되 "땅을 두루 돌아 여기저기 다녀왔나이다."
> 여호와께서 사탄에게 이르시되 "네가 내 종 욥을 주의하여 보았느냐. 그와 같이 온전하고 정직하여 하나님을 경외하며 악에서 떠난 자가 세상에 없느니라. 네가 나를 충동하여 까닭 없이 그를 치게 하였어도 그가 여전히 자기의 온전함을 굳게 지켰느니라."
> 사탄이 여호와께 대답하여 이르되 "가죽으로 가죽을 바꾸오니 사람이 그의 모든 소유물로 자기의 생명을 바꾸올지라. 이제 주의 손을 펴서 그의 뼈와 살을 치소서. 그리하시면 틀림없이 주를 향하여 욕하지 않겠나이까."
> 여호와께서 사탄에게 이르시되 "내가 그를 네 손에 맡기노라. 다만 그의 생명은 해하지 말지니라."
> 사탄이 이에 여호와 앞에서 물러가서 욥을 쳐서

그의 발바닥에서 정수리까지 종기가 나게 한지라.
욥이 재 가운데 앉아서 질그릇 조각을 가져다가
몸을 긁고 있더니(욥 2:1-8).

이 땅의 사람들을 참소하러 온 사탄은 욥의 끈질긴 신앙 때문에 난감해졌다. 모든 것을 잃어버렸는데도, 욥은 분노에 굴하여 하나님을 대적하지 않았다. 명심하라. 당신이 바른 마음을 품고, 재물에 삶을 지배당하지 않으며, 겸손히 주님 앞에 순종하면, 상실이 당신을 무너뜨리지 못한다. 상실은 당신의 신앙을 허물 수 없다. 욥이 그런 상태였다. 사탄은 욥이 첫 시험을 나무랄 데 없이 통과했음을 알았다. 그래서 이번에는 욥의 건강을 위협하여 주님을 저주하게 만들겠다고 별렀다.

흥미롭게도 사탄은 욥의 올바른 반응에 감동하지 않았다. 사탄은 보이지 않는 세계에 존재하며 모든 의에서 완전히 차단되어 있다. 그는 거룩한 삶에 감명을 받거나 위협을 느끼지 않는다. 다만 분노할 뿐이다.

하나님이 정해두신 한계를 잘 보라. 그분은 "내가 그를 네 손에 맡기노라. 다만 그의 생명은 해하지 말지니라"(욥 2:6)고 하셨다. 사탄이 힘을 쓸 수는 있으나 최종 주관자는 아니다. 사악한 계략으로 욥의 신앙을 무너뜨리려 할 때도 그는 하나님이 허용하신 범위를 벗어날 수 없었다.

이렇게 생각하는 사람도 있을지도 모른다. '그 많은 상실을 허용하시다니 하나님도 정말 너무하신다!' 이런 반응은 삶을 우리 위주로 보는 사고방식에서 비롯된다. 우리는 자신의 안락과 안전, 행복과 건강과 안위를 삶의 관건으로 여긴다. 안타깝게도 그런 신자가 많기도 하고, 이는 천만부당한 일이다. 성경의 다른 어떤 책보다 우리는 욥기를 통해 전혀 다른 관점에 눈뜨게 된다.

온몸을 뒤덮은 종기가 욥을 고통과 망신에 빠뜨리자 그의 아내는 이 의인에게 하나님을 저주하고 죽으라고 다그친다(욥 2:9 참고). 그렇다고 욥의 아내를 너무 혹평하지 않도록 조심하라. 그녀는 욥 본인이 아닌 만큼 자신의 상실을 다른 관점에서 볼 권리가 있었다. 물론 그녀의 조언은 잘못된 것이었고 욥도 그 사실을 알았다. 하지만 이 부부는 아내 쪽에서 솔직한 감정을 서슴없이 표현할 수 있는 사이였음이 분명하다. 그녀는 욥이 고통에서 벗어나기를 원했고, 그러려면 차라리 죽는 편이 낫다고 보았다.

당신도 끝없는 고통에서 벗어날 길이 없는 사람들에게 비슷한 말을 한 적이 있지 않은가? 아마도 우리는 모두 그런 적이 있을 것이다. 하지만 지금 여기에만 초점을 맞추고 전체 그림에서 하나님을 배제하는, 이런 수평적 사고를 물리쳐야 한다. 이는 누구에게도 도움이 되지 않는다.

욥의 아내도 열 자녀를 잃었음을 부디 잊지 말라. 그녀도 졸지에 삶을 감당할 수 없게 돼버렸다. 이런 상실을 겪은 사람을 위로할 기회가 있다면, 중요하게 기억해야 할 점이 있다. 상대가 경험하고 있는 고통을 우리는 정확히 잘 모른다. 그러니 공허하고 상투적인 말이나 진부한 빈말은 삼가야 한다. 둔감하게 '주님만 믿으면 된다'라거나 '마음을 추스르고 살아가야지'라고 권하지도 말라. 아무런 도움이 되지 않으니 그러지 말라. 인간의 고통이 오래될 때는 그냥 같이 있어 주고 기도해주는 편이 낫다. 설교하지 말라. 고통당하는 사람에게 필요한 것은 긍휼과 애정이다.

그 와중에도 욥은 일편단심으로 주님을 신뢰했다. 아내가 뭐라고 말하든 그는 하나님께 대들거나 스스로 목숨을 끊을 생각이 없었다. 욥에게 삶이란 자신의 것이 아니었기 때문이다. 무엇이든 다 주님의 것이었다. 일련의 참담한 상실 앞에 그가 보인 반응은 우리 모두에게 깨우침을 준다. 그 덕분에 우리도 '한순간에 모든 것을 잃는다면?'이라는 물음에 답을 찾을 수 있다.


## 욥의 반응

처음부터 욥이 상실의 소식을 듣고 보인 반응은 놀랍게도 예배였고, 주님을 향한 깊은 확신이었다.

> 욥이 일어나 겉옷을 찢고 머리털을 밀고 땅에 엎드려 예배하며 이르되 "내가 모태에서 알몸으로 나왔사온즉 또한 알몸이 그리로 돌아가올지라. 주신 이도 여호와시요 거두신 이도 여호와시오니 여호와의 이름이 찬송을 받으실지니이다" 하고(욥 1:20-21).

이 의인은 현실을 부정한 것이 아니라 영혼 깊이 아파함과 동시에 신실하신 하나님을 찬송했다. 그는 아내에게도 이렇게 대답했다.

> 그대의 말이 한 어리석은 여자의 말 같도다.
> 우리가 하나님께 복을 받았은즉 화도 받지
> 아니하겠느냐(욥 2:10).

당신도 살다가 한 번쯤은 조금이나마 욥의 세계에 들어가 본 적이 있을지도 모른다. 아직 없다면 단언컨대 언젠가는 그런 날이 올 것이다. 혹은 졸지에 사랑하는 사람을 잃은 적이 있어서 욥의 이야기를 읽기가 괴로울 수도 있다. 아직 상처가 아물지 않아 얼얼하게 아플지도 모른다.

하지만 아무리 괴로워도 이 성경 기사는 깊이 파볼 가치가 있다. 욥의 놀라운 삶을 잘 보면 교리 신학의 한 기초를 얻을 수 있다. 즉 고난을 보는 성경적 관점인데, 이는 우리가 갑작스러운 상실에 대비하는 데 도움이 된다. 갑작스러운 상실에 대비하는 과정은 악보의 크레센도와도 같아서 처음에는 미미하다가 점차 풍부해진다. 확신컨대 욥은 준비되지 않은 상태에서 상실의 폭풍을 맞이한 게 아니다. 그의 반응을 보면 알 수 있다. 하지만 이는 저절로 된 일이 아니다. 오랜 세월에 걸쳐 하나님이 그분을 믿고 따르고 의지하도록 그를 준비시키셨다. 욥기는 고난에 대한 책이 아니라 고난 중에 믿음으로 승리한 이야기다. 하나님을 바로 알았기에 끝까지 믿음으로 마친 이야기다.

필립 얀시Philip Yancey가 저서 『하나님, 당신께 실망했습니다』(Disappointment with God)에 보여준 솔직함이 내게는 참 귀해 보인다. 영혼을 성찰하는 이 책에서 얀시는 상실에 대한 욥의 반응을 어떻게 봐야 할지를 설득력 있게 제시한다.

> 물론 나도 천상의 이 공방전이 이상하다는 점을 부인하지 않는다. 다른 한편으로…이는 보기 드물게 영원을 들여다볼 수 있는 열쇠 구멍이기도 하다. 사람들에게 고통이 닥치면 질문이 쏟아져 나온다. 욥을 괴롭힌 바로 그 질문들이다. 왜 나인가? 어찌 된 일인가? 하나님은 나를 사랑하시는가? 신이 존재하기는 하는가? 욥의 고뇌를 적나라하게

묘사한 글을 보면, 욥에게는 아니지만 구경꾼인 우리에게 무대 뒤의 장면이 공개된다. 우리가 갈구하던 바가 욥기 서문에 제시된다. 그 덕분에 우리는 세상이 어떻게 운영되는지를 살짝 엿볼 수 있다. 성경의 그 어느 책보다도 욥기는 우리에게 하나님의 관점을 보여준다. 평소에 우리에게 숨겨져 있는 초자연적 활동도 거기에 포함된다⋯ 시험받고 있는 쪽은 하나님이 아니라 욥이다. 욥기의 요지는 고난이 아니다. '아플 때 하나님은 어디에 계신가?'가 아니다. 그 문제라면 서문에 이미 답이 나와 있다. 핵심은 믿음이다. '아플 때 욥은 어디에 있는가? 그는 어떻게 반응하는가?'이다. 욥기를 이해하려면 거기서부터 출발해야 한다.[1]

주님이 나에게 허락하신 오랜 사역 기간에 이루어나갈 가장 큰 목표 중 하나는, 하나님이 주관자시라는 아주 중요한 진리를 선포하는 것이다. 그분은 주권적으로 모든 일을 주관하신다. 완전한 지혜와 사랑과 은혜로 천국에서 자비롭고 전능하게 다스리신다(시 11편 참고). 당신에게 역경이 닥치든 즐거움이 찾아오든, 삶의 관건은 하나님이다. 그분의 뜻과 그분의 길이 중요하다.

반대로 상황만 보고 하나님을 배제하는 수평적 삶을 고

집하면 신학적 닻을 잃기 쉽다. 그럴 때 우리는 역경의 바람에 휩쓸려 결국 참믿음에서 떨어져 나간다. 그보다는 믿음의 반응을 택하여 하나님의 주권적 뜻에 복종하고, 그분의 은혜로운 목적을 따르는 편이 훨씬 낫다. 그분이 우리에게 소중한 것과 사람들을 주시기도 하고, 거두시기도 하는 데는 다 이유가 있다.

결국 이 모든 것은 그분의 주권적 권리다. 하나님은 우리를 건강하고 행복하게 해주려고 존재하시는 게 아니라 그분의 이름을 영화롭게 하려고 존재하신다. 우리는 그 영광이 흘러가는 통로다. T. S. 엘리엇T. S. Eliot은 그것을 이렇게 표현했다.

> 초자연 세계에 대한 믿음은 현세에 성공해서
> 부유하고 꽤 덕스럽게 살다가 최상의 내세에도 그런
> 삶이 존속된다고 믿거나, 현세에 가난하고 핍절하게
> 살다가 내세에 모든 복으로 보상받는다고 믿는 것이
> 아니다. 초자연 세계에 대한 믿음은 지금 여기서부터
> 초자연이 최고의 실재라고 믿는 것이다.[2]

이 심오한 진술을 다시 읽어보기를 바란다. 믿음의 삶이란 당신이 구입하거나 생산해내는 무엇이 아니다. 믿음이란 성부 하나님이 그분의 영광과 당신의 유익을 위해 당신을 성

자 예수님의 형상대로 빚고자 역사하고 계심을 아는 것이다. 그것이 삶의 관건이다! 이 수직적 관점을 얻기 위해 모든 것을 잃어야 한다면, 그 상실을 받아들이라. 평생 의지해온 것을 버리고 꿈이 무산되어야만 당신의 삶을 수직적으로 재조정할 수 있다면, 기꺼이 버리라. 주시기도 하고 거두시기도 하는 하나님이 중요하다.

오랜 비탄 속에서 욥은 삶의 가장 중요한 것이 눈에 보이는 자연계가 아니라 보이지 않는 초자연 세계임을 깨달았다. 이것이 성경적 신학의 위력이다. 그 덕분에 우리는 특히 환난의 시기에 하나님과 자신에 대해 바른 생각을 유지할 수 있다.

진정한 삶은 영원한 삶이고, 진정한 시각은 보이지 않는 세계를 이해하는 것이며, 진정한 성숙은 무형의 실재를 삶의 길잡이로 삼는 것이다. 골로새서 3장에 나오는 사도 바울의 말을 생각해보라.

> 그러므로 너희가 그리스도와 함께 다시 살리심을
> 받았으면 위의 것을 찾으라. 거기는 그리스도께서
> 하나님 우편에 앉아 계시느니라. 위의 것을
> 생각하고 땅의 것을 생각하지 말라. 이는 너희가
> 죽었고 너희 생명이 그리스도와 함께 하나님 안에
> 감추어졌음이라. 우리 생명이신 그리스도께서
> 나타나실 그때에 너희도 그와 함께 영광 중에

나타나리라(골 3:1-4).

여기 위대한 신학이 풍성하게 넘쳐난다! 바로 수직적 관점의 기초다. 주님과 동행하는 인생길에서 다른 것은 다 몰라도 이 한 가지만은 꼭 배우고 받아들이라. 바로 하나님이 주권적으로 주관하신다는 사실이다. 당신이 겪는 일을 하늘 아버지께서 신성하게 인도하신다는 사실을 수용하라. 당신을 가혹하게 대하시기에는, 그분이 당신을 너무도 사랑하신다. 하나님이 우리의 이해를 벗어나는 영역에 존재하신다는 점을 잊지 말라. 그분은 북풍을 내뿜는 긴 수염을 지닌 심술쟁이 영감이 아니다. 하나님은 불가해할 정도로 크시다. 전지전능하시며 어디에나 계신다. 또 영원하셔서 시대와 시간을 초월하신다. 그분은 선하고 은혜로우시며, 사랑이 많고 정의로우시다. 그리고 언제나 옳으시다. 당신에게 벌어진 일이 다 잘못된 것처럼 보일 때조차 말이다.

하나님이 어찌나 심오하신지 나는 대부분 사역 기간을 나름 신학자로 살아왔는데도 이런 생각이 든다. '주님, 과연 제가 깨달을 날이 올까요?' 이 나이가 돼서야 비로소 이런 진리를 조금씩 통합하기 시작했으나 여전히 쉽지 않음을 실감한다. 참담한 상실의 때 하나님을 신뢰하기란 쉽지 않다. 80대에 들어선 지금도 나는 '알아가는' 중이다.

그 모든 일을 겪고도 욥은 하나님을 원망하는 말을 한마

디도 하지 않았다. 수직적으로 살면 그렇게 된다. 초점이 초자연 세계에 있으면 말을 줄이고 잠잠히 모든 경이를 흡수하게 된다.

## 우리 삶에 적용할 원리

욥의 놀라운 이야기에서 도출할 수 있는 몇 가지 원리에 힘입어 우리도 만약의 사태에 대비할 수 있다. 주님이 당신의 상황에서 직접 말씀하실 수 있도록, 하나하나 신중히 읽기 바란다.

### 출발점은 당신이 어떤 사람이냐는 것이다

당신은 어떤 사람이 되어가고 있는가? 점점 더 이기적인 사람이 되어가고 있다면, 모든 상실이 당신과 하나님의 동행에 해롭게 작용할 것이다. 갑작스러운 상실 앞에서 당신의 부실한 믿음이 아예 좌초할 수도 있다. 적잖은 연민을 품고 하는 말이다. 어차피 피할 수 없는 고난이라면, 나는 모든 사람이 주님과 그분의 말씀을 향한 확신이 더욱 깊어지는 상태에서 그 고통의 때를 맞이했으면 좋겠다.

당신의 상실을 살아 계신 하나님을 더 깊이 알아가는 기회로 보면, 결국 당신에게 고통을 허용하시는 하나님께 목적이 있음을 깨닫게 된다. 주변 사람들이 비슷한 상실의 시기를 지날 때, 당신은 특별히 준비되어 있다가 그들에게 바른 시각과 희망을 제시할 수 있다.

상실을 잘 통과하면 하나님의 말씀에 대한 이해와 신뢰가 깊어진다. 이 기회에 삶이란 천국의 관점에서 수직적으로 보아야만 의미가 있음을 깨달을 수 있다. "이제야 조금 알겠다"라는 고백이 나올 것이다. 드라마가 전개되기 전부터 머릿속으로 미리 내다볼 수 있으니 말이다.

영국의 프레더릭 마이어Frederick B. Meyer 목사는 다윗의 간음죄를 언급하면서 "갑자기 비열해지는 사람은 없다"[3]라고 썼다. 그의 표현을 빌려 나는 "큰 상실에 맞설 준비도 갑자기 되는 사람은 없다"라고 말하고 싶다. 안정은 하룻밤 사이에 거저 이루어지지 않는다. 삶의 타격에 맞설 준비는 하나님 말씀의 진리로 무장되는 가운데 서서히 차근차근 이루어진다. 성경을 자신의 것으로 흡수하면서 그 속의 진리를 당신의 삶에 편입해야 한다. 그러면 어떤 일에도 원망하지 않게 된다. 상실의 때는 고통스럽지만 당신의 믿음을 다져준다. 수평적 관점에서 수직적 관점으로 초점을 바꾸어준다.

## 당신의 미래를 하나님은 아신다

　성경의 종결부에 나오는 아주 중요한 답 하나를 당신에게 나누고 싶다. 하나님은 이미 당신의 미래에 가 계신다. 내일 아침, 다음 주, 학교를 졸업할 때, 한창 일할 나이, 노후, 죽음의 목전까지 다 망라하여 그분은 이미 거기에 계신다. 그분은 당신을 앞서가시며, 당신의 앞날을 아신다.

　나는 60년 넘게 함께 살아온 내 아내를 흠모한다. 여생 내내 아내가 곁에 있었으면 좋겠다. 하지만 그러지 못할 수도 있다. 솔직히 나도 아내 곁을 지키지 못할지도 모른다. 그것은 하나님만이 아신다. 그렇다고 우리가 평생 거짓 신을 섬겼다는 뜻인가? 아니다. 다만 하나님은 하나님이시며, 이 땅을 살아갈 우리의 날수를 그분이 정하신다는 뜻이다. 주님을 최고로 생각한다면 내 삶은 아내를 중심으로 돌아가지 않고, 아내의 삶도 나를 중심으로 돌아가지 않을 것이다. 그것이 건강하고 성경적인 삶의 방식이다. 그래서 나는 무엇이든 너무 꽉 움켜쥐지 않으려고 스스로 훈련해왔다. 지금은 결혼 초보다 더 나아졌다. 젊었을 때는 아내에게 자주 시를 써주며 둘이서 영원히 함께할 것이라고 말했다. 하지만 하나님은 내게 그렇게 약속하신 적이 없다.

　자녀가 우리 곁에 영원히 있으리라는 생각도 솔깃한 유혹이다. 하지만 우리는 모른다. 도대체 하나님은 왜 우리에게 그런 확신을 주지 않으시는 걸까? 욥에게 물어보라. 그는 열 자녀를 잃었다. 말씀에 힘입어 우리는 생각의 초점을 바르게 지킬 수 있다. 이런 진리를 당신의 머릿속과 마음속에 품고 있다가 수시로 상기하라. 내일이 어떻게 될지 우리는 전혀 모르기 때문이다. 야고보의 이 말을 천천히 생각하며 읽어보라.

> 들으라, 너희 중에 말하기를 "오늘이나 내일이나 우리가 어떤 도시에 가서 거기서 일 년을 머물며 장사하여 이익을 보리라" 하는 자들아. 내일 일을 너희가 알지 못하는도다. 너희 생명이 무엇이냐. 너희는 잠깐 보이다가 없어지는 안개니라. 너희가 도리어 말하기를 "주의 뜻이면 우리가 살기도 하고 이것이나 저것을 하리라" 할 것이거늘 이제도 너희가 허탄한 자랑을 하니 그러한 자랑은 다 악한 것이라(약 4:13-16).

기억해둘 만한 지혜의 말씀이다. 당신도 암송하면 어떨까? 내일이 어떻게 되든 이 말씀이 당신을 견고히 붙들어줄 것이다.

## 사람들이 항상 옳은 조언만
## 해주는 것은 아니다

사람들은 왜 근시안적인 조언을 내놓는 것일까? 삶을 수평적으로 보기 때문이다. 의도야 좋다. 그들은 당신이 고통에서 벗어나 행복해지기를 원한다. 그래서 그런 말을 한다. 하지만 그것은 때로는 틀린 말이며, 오히려 당신의 혼란과 고통을 가중할 수 있다.

하나님의 말씀 덕분에 당신은 받아들여서는 안 될 말을 걸러낼 수 있다. 권하노니 풍랑이 닥쳐오기 전에 미리 당신의 생각과 마음을 성경에 푹 적셔두라. 그 위대한 진리를 읽고 신학적 기초를 다져두라. 주님께 분별력을 달라고 기도하라. 들려오는 조언이 주님에게서 난 것인지 아닌지 쉽게 분간할 수 있도록 말이다. 그러면 의심과 비탄의 강풍이 휘몰아쳐도 당신의 닻은 끄떡도 하지 않는다. 하나님의 한결같은 신실하심이라는 암반에 단단히 매여 있고, 그분의 주권적 통치를 아는 지식에 뿌리박고 있기 때문이다.

그러니 당신의 삶에 비극이 닥치거든 눈물을 흘리라. 슬퍼하라. 충분히 표현하지 않고는 비탄을 극복할 수 없다. 다만 슬퍼할 때도, 하나님이 주관하신다는 전체적 시각만은 잃지 말라. "소망 없는 다른 이와 같이"(살전 4:13) 슬퍼하지 말라는 뜻이다. 참담한 상실의 시기에도 마찬가지다. 결국 당신은 하나님이 당신을 위한 그분의 신성한 목적을 당신 안에 이루시고자 이 상실을 허용하셨음을 깨닫게 된다.

### 정말 중요한 것은 당신의 반응이다

　다시 묻는다. 만약에 당신이 졸지에 모든 것을 잃어야 한다면 어떻게 반응하겠는가? 하나님을 탓하며 원망하겠는가? 자기 연민에 빠지겠는가? 삶과 하나님을 포기하겠는가? 어디 먼 데로 도피하려 하겠는가? 아니면 욥처럼 반응하겠는가? 하나님이 여전히 주관하신다는 사실은 변함이 없다. 그 속에서도 그분의 손길을 느끼는 것이 가능하다. 그래서 당신은 예배할 수 있다. 이렇게 선포할 수 있다. "주님, 이 모든 슬픔 속에서도 주님을 저의 아버지, 저의 인도자, 저의 친구, 저의 하나님으로 고백합니다. 주님은 제 삶의 주권자시니 주님께 복종하겠습니다." 이것이 수평적 상실에 대한 수직적 반응이고, 통제 불능인 듯한 삶에 믿음으로 대처하는 법이다.

### 삶을 느슨하게 쥐라

오래전에 아내와 나는 암스테르담에 갔었다. 그 매혹적인 도시에 머무는 동안 우리는 작고한 코리 텐 붐Corrie ten Boom의 유년기 생가를 방문했다. 코리는 나치가 저지른 유대인 대학살의 생존자로, 훗날 히틀러 치하 유럽의 강제 수용소에서 생활한 이야기를 세간에 알렸다. 우리 부부는 조용히 가파른 계단을 올라 한때 그녀가 살던 집의 위층으로 갔다. 좁다란 목제 계단이 발밑에서 삐걱거렸다.

그 집은 코리 일가가 히틀러 군대를 피해 유대인들을 숨겨주던 곳이었다. 다른 관광객들 곁에 거의 숨을 죽이고 서 있는데 실내가 겨울밤처럼 적요해졌다. 끼이다시피 해야 겨우 은신처로 들어갈 수 있는 구멍이 보였다. 공간이 하도 비좁아서 사람들이 누워 자는 동안, 몇몇은 교대로 서 있었다고 한다.

현장에 있으면서도 우리는 바로 그 자리에 코리 텐 붐이 살았다는 사실이 믿어지지 않았다. 그녀가 섰던 자리에 서 있는 것만으로도 신성하다고 느꼈다. 코리 일가의 용감한 삶으로 인해 감사가 절로 나왔다.

전쟁이 끝나고 세월이 흐른 뒤에 코리는 자신이 목격했던 참상을 글로 썼다. 아버지와 언니 벳시를 잃은 참담한 상실을 말하면서, 그녀는 "아무리 깊은 수렁도 하나님보다 더 깊지는 못하다"[4]라던 벳시의 애정 어린 말을 인용했다. 참담한 상실 이후의 삶이 얼마나 감당할 수 없게 보이는지를 코리는 알았다. 욥처럼 그녀도 돌연한 상실의 잔혹성을 알았다. 그러나 하나님 말씀의 진리가 그녀를 강하게 지켜주었다. 그녀는 수직적 관점으로 비극을 견뎌냈고, 하나님이 주관하고 계심을 가슴 깊이 알았다.

코리가 타계하기 전에 우리는 만난 적이 있다. 그때 그녀가 잊지 못할 교훈을 주었다. 이전에 내가 목회하던 교회의 현관에서 잠시 있었던 일이다. 워낙에 고령이었고, 콘퍼런스 투어의 강행군으로 그녀의 작고 주름진 손은 더 야위어져 있었는데, 그녀는 그 두 손으로 내 손을 꼭 잡고 네덜란드 억양의 영어로 말했다. "스윈돌 목사님, 무엇이든 느슨하게 쥐어야 함을 항상 잊지 마세요. 소중한 자녀도 느슨하게 쥐고, 사랑하는 아내도 느슨하게 쥐고, 모든 것을 느슨하게 쥐어야 합니다. 그렇지 않으면 아버지께서 억지로 목사님의 손가락을 풀어 그들을 데려가실 때 얼마나 아프겠어요."

얼마나 놀라운 조언인가. 우리 모두에게 말이다! 어느 날 정말 당신이 졸지에 모든 것을 잃거든 하나님을 신뢰하라. 그분의 말씀을 신뢰하라. 그분이 온전히 주관하고 계심을 믿고 모든 것을 느슨하게 쥐라. 그분은 당신을 해치거나 때려서 복종하게 할 마음이 없으시다. 그것은 그분의 방식이 아니다. 삶이 감당할 수 없는 것같이 보일지라도 그분의 사랑과 긍휼은 변함이 없다.

* 제3장 *

# 가까운 사람에게
# 배신을 당한다면?

믿었던 사람에 대한 신뢰가 무너졌을 때를 위한 하나님 말씀

믿는 도끼에 발등을 찍혔을 때보다 더 실망으로 쓰라릴 때는 별로 없다. 상대의 고의적인 배신을 처음 알았을 때는 너무 고통스러워서 거의 믿어지지도 않는다. 그 상대가 신임하던 동업자일 수도 있고, 오랜 친구일 수도 있고, 내게 신의를 다짐했던 사람일 수도 있다. 혹은 '죽음이 우리를 갈라놓을 때까지' 진실하고 충실하기로 서약했던 배우자일 수도 있고, 코치나 교사, 목사나 스승처럼 한때 우리가 우러르고 존경했던 사람일 수도 있다. 그 사람이 나를 속였거나 근거 없이 비방하거나 뒤에서 험담했음을 아는 순간, 충격을 넘어 억장이 무너진다. 시편의 저자 다윗도 그런 고뇌의 경험을 바탕으

로 시편 41편을 지었다. "내가 신뢰하여 내 떡을 나눠 먹던 나의 가까운 친구도 나를 대적하여 그의 발꿈치를 들었나이다"(9절).

이번 장에서 우리가 만날 구약의 실존 인물은 당신이 여태 한 번도 들어보지 못한 사람일 수도 있다. 오늘날 대다수 사람에게 알려지지는 않았지만, 그는 선지자 엘리사가 신임하던 사환이었다. 게하시라는 이름의 이 사환은 어느 모로보나 주인에게 충실하고 부지런했다. 그런데 어느 날 모든 것이 달라졌다. 근면하던 그가 속임수로 돌아서던 날이었다.

## 참된 충실성이란 무엇인가

사도 바울이 고린도전서 4장에서 한 말은 배신이라는 주제의 기초를 이룬다. 이 문제의 핵심에 충실성이라는 개념이 놓여 있다. 기독교의 아주 중요한 덕목인 만큼, 이에 관해 바울이 한 말을 신중히 읽어보라.

> 사람이 마땅히 우리를 그리스도의 일꾼이요
> 하나님의 비밀을 맡은 자로 여길지어다. 그리고
> 맡은 자들에게 구할 것은 충성이니라. 너희에게나
> 다른 사람에게나 판단 받는 것이 내게는 매우 작은

일이라. 나도 나를 판단하지 아니하노니 내가 자책할
아무것도 깨닫지 못하나 이로 말미암아 의롭다
함을 얻지 못하노라. 다만 나를 심판하실 이는
주시니라(고전 4:1-4, 강조 추가).

대부분 사람이 곧잘 놓치지만, 바울이 지적한 중요한 사실이 있다. 생명력 있는 사역의 주역은 바로 그리스도의 종과 일꾼이다. 당신도 보았는가? 거물이나 유명 인사가 아니라 종과 청지기다. 권력과 외모를 갖춘 사람이 아니다. 혹은 돈이 많거나 재능이 뛰어나거나 경험이 풍부한 사람도 아니다. 어느 사역에나 꼭 필요한 사람은 바로 "그리스도의 일꾼"이요, "비밀을 맡은 자"다. 고린도전서 4장 1절이 신미표준역 NASB에는 이렇게 번역되어 있다. "사람이 마땅히 우리[바울과 아볼로]를 그리스도의 종이요 하나님의 비밀을 맡은 청지기로 여길지어다."

사역의 맥을 이어가는 사람의 본분을 바울은 종과 청지기라는 두 단어로 기술하고 규정한다. 잘 알려진 위대한 지도자, 저명한 목사, 이목을 끄는 유명 인사는 하나도 언급되지 않았다. 오직 종과 청지기만 등장한다.

## 종과 청지기의 역할

뒤에 살펴볼 이야기의 기초 작업으로 이 두 단어를 간단히 분석해보자. 우선 종으로 옮겨진 단어는 대개 노예로도 번역된다. 헬라어 원어 '휘페레테스'(*huperetes*)는 '아래'를 뜻하는 '휘포'(*hupo*)와 '노 젓는 사람'을 뜻하는 '에레테스'(*eretes*)의 합성어다.

바울이 생각한 종은 '아래에서 노 젓는 사람'이었다. 1세기에는 이 말이 상선이나 군함의 갑판 아래서 물결에 맞서 일제히 노를 젓느라 중노동을 하던 노예를 지칭했다. 대개 이들 노예는 항해하고 있는 선체에 사슬로 묶인 채, 연달아 몇 시간이고 끝없이 노를 저어 거친 바다에서 배를 전진시킨다. 이것이 종의 모습이다. 이 노꾼은 주목이나 박수나 인정을 받지 못하고 갑판 아래서 섬기는 데 익숙하다. 그리고 노예이니 노동을 할 수밖에 없다. 이 개념을 그리스도인의 삶에 적용하면, 복음에 충실한 종이나 청지기는 그리스도의 노예로서 아무런 인정도 바라지 않고 부지런히 끝까지 섬겨야 한다.

다음으로 나오는 단어는 2절에 "맡은 자들"로 번역된 청지기다. 청지기는 충실해야 한다. 원어 '오이코노모스'(*oikonomos*)를 직역하면 '집 관리인'이다. 주인의 집에서 일상 업무를 거들어야 했던 사람인데, 역시 노예인 경우가 많았다. 사도 바울은 자신과 아볼로가 교회의 노꾼이자 관리인으로 행동하고 있음을 독자들이 알기를 원했다. 사도라는 특수한 지위가 있었는데도, 자신의 명예나 위신을 내세우지 않았다.

대사도가 그러했다면 당신과 나는 말할 것도 없다. 그리스도의 이름으로 불리는 사람이라면 누구나 마찬가지다. 우리는 다 교회의 청지기로서 하나님의 비밀을 설명하고 선포하라는 사명을 받았다.

일류급 지도자와 고효율 경영, 첨단 마케팅 기법을 내세우는 오늘날의 문화에서, 우리가 노꾼으로 부름받았음을 상기하는 일은 얼마나 중요한가? 우리는 갑판 아래서 충실하게 자기 몫을 다해야 한다. 충성스럽고 믿음직하게 하나님의 집인 교회를 지켜야 한다. 이로써 모든 것을 보는 관점이 바르게 정립된다.

## 종과 청지기의 책임

우리의 주된 역할은 하나님의 진리를 맡은 종이자 청지기인데, 이를 망각하기가 얼마나 쉬운가. 사실 두 역할 모두 주된 요건은 충실성이다. 현란함이나 영리함, 멋이나 즐거움이나 명예가 아니라 충실성이다. 전투용 배인 갤리선의 갑판 아래에 정말 필요한 사람은, 바로 노를 저을 노꾼이라는 데 누구도 이의를 제기하지 않을 것이다. 특히 전투 시 뒤따라오는 적선보다 빨리 나아가려면 노꾼의 역할이 중요하다. 또한 청지기도 필요한데, 이들은 눈에 띄지 않게 집단 전체의 요구에 부응하는 일을 한다. 예를 들어, 예컨대 주방 보조와 시설 관리인 덕분에 물병은 늘 차 있고, 갑판과 선실도 깨끗이 정돈된 상태로 있을 수 있다.

그런데 갑판 아래의 노꾼에게 한 가지 큰 유혹이 있다. 갑판 위의 사람들을 부러워하는 것이다. 그곳은 선장이 시원한 산들바람과 간간이 큰 박수갈채를 즐기는 곳이다. 교회의 경우 선장은 곧 그리스도시다. 그분은 갑판 위에 계시며, 모든 영광과 찬송은 마땅히 그분의 몫이다. 우리는 갑판 아래서 봉사한다. 충실히 노를 젓고 부지런히 섬겨 계속 일을 진전시킨다.

하나님의 비밀을 묵묵하고 충실하게 설명하는 것이 노꾼인 우리의 책임이다. 배를 조종하는 일은 우리 몫이 아님을 명심하라. 그것은 선장이신 예수님이 하실 일이다. 그분만이 머리가 되시며, 우리는 그분이 인도하시는 대로 노를 젓는다.

아울러 우리는 사역을 성실하게 관리할 책임이 있다. 우리가 진리를 잘 준비해서 차려내야 그분의 선한 사역이 순항할 수 있다. 이것이 내게 인상 깊게 다가오는 이유는, 요즘 흔한 교회관 때문이다. 섬김의 역할이 아주 중요한데도 이를 언급하는 책이나 기사나 블로그는 안타깝게도 거의 찾아보기 힘들다. 그러나 성경에 분명히 나와 있듯이 우리의 주된 책임은 허드렛일조차 마다하지 않는 충실성이다.

나이가 들수록 나는 종과 청지기의 참된 충실성에 더욱 감탄하고 감사하게 된다. 지난 세월 많은 동역자와 나란히 섬기는 특권을 누리면서, 나는 성실하고 충성스럽게 사역하는 그들이 못내 고마웠다. 성실하고 충성된 팀과 함께 섬기는 것보다 더 큰 기쁨은 별로 없다. 반대로 (다행히 극히 드물기는 하지만) 동료 종이 방향을 잃고 경로를 이탈할 때는 한없이 고통스럽다. 그런 사람은 노 젓기를 멈추고 비밀스럽게 살아가거나, 심지어 사역과 지도자들을 방해한다. 이런 기만과 배신은 견디기에 고통스러운 경험이다. 하지만 새삼스러운 일은 아니다.

## 기적으로 병이 나은 이야기

내가 종을 묘사하면서 이토록 충실성을 힘주어 강조한 이유는 무엇일까? 이제부터 살펴볼 이야기 속의 인물이 충실성의 중요성을 망각했기 때문이다. 이름이 게하시인 그는 노꾼으로 부름받아, 선지자 엘리사의 근면하고 충직한 청지기가 되어야 했다. 구약의 관련 본문에 등장하는 주인공 세 명은 이 흥미진진한 이야기에서 저마다 하나씩 배역을 맡고 있다.

## 강한 용사 나아만

열왕기하 5장에 나아만이라는 사람이 나온다. 그는 아람 왕을 섬기는 군대 장관이었다. "여호와께서 전에 그에게 아람을 구원하게 하셨[기 때문에]"(왕하 5:1) 왕은 나아만을 존귀하게 여겼다.

나아만은 성공한 사령관이었지만 나병에 걸려 쇠약해지고 있었다. 덧붙이자면 그는 유명했을 뿐 아니라 갑부였다. 틀림없이 왕의 보화도 마음대로 가져다 쓸 수 있었을 것이다. 그래서 나아만의 권세는 대단했다. 나병에 걸린 지 오래인 그는 어떻게든 이 끔찍한 병에서 벗어나고 싶었다. 영구적으로 치료될 수만 있다면 전 재산이라도 바쳤을 것이다. 바로 이런 상황에서 엘리사가 등장한다.

## 경건한 선지자 엘리사

엘리사는 그 아람 왕의 재위 기간에 이스라엘의 선지자였다. 아람의 군대장관 나아만은 전쟁 포로로 잡혀 온 한 여종을 우연히 만났는데, 나아만의 아내가 그 여종을 자기 집 하녀로 데려왔다(왕하 5:2 참고). 나아만의 중병을 본 이 히브리 소녀는 안타까워서 이렇게 말했다. "우리 주인이 사마리아에 계신 선지자[엘리사] 앞에 계셨으면 좋겠나이다. 그가 그 나병을 고치리이다"(왕하 5:3).

열왕기하 5장에 이야기가 어떻게 전개되는지 잘 읽어보라.

나아만이 들어가서 그의 주인께 아뢰어
이르되 "이스라엘 땅에서 온 소녀의 말이
이러이러하더이다" 하니 아람 왕이 이르되
"갈지어다. 이제 내가 이스라엘 왕에게 글을
보내리라" 하더라. 나아만이 곧 떠날새
은 십 달란트와 금 육천 개와 의복 열 벌을 가지고
가서 이스라엘 왕에게 그 글을 전하니 일렀으되
"내가 내 신하 나아만을 당신에게 보내오니
이 글이 당신에게 이르거든 당신은 그의 나병을
고쳐 주소서" 하였더라.
이스라엘 왕이 그 글을 읽고 자기 옷을 찢으며
이르되 "내가 사람을 죽이고 살리는 하나님이냐.
그가 어찌하여 사람을 내게로 보내 그의 나병을
고치라 하느냐. 너희는 깊이 생각하고 저 왕이 틈을
타서 나와 더불어 시비하려 함인 줄 알라" 하니라.
하나님의 사람 엘리사가 이스라엘 왕이 자기의 옷을
찢었다 함을 듣고 왕에게 보내 이르되
"왕이 어찌하여 옷을 찢었나이까. 그 사람을 내게로
오게 하소서. 그가 이스라엘 중에 선지자가 있는

줄을 알리이다" 하니라.

나아만이 이에 말들과 병거들을 거느리고 이르러
엘리사의 집 문에 서니 엘리사가 사자를 그에게 보내
이르되 "너는 가서 요단강에 몸을 일곱 번 씻으라.
네 살이 회복되어 깨끗하리라" 하는지라.
나아만이 노하여 물러가며 이르되 "내 생각에는
그가 내게로 나와 서서 그의 하나님 여호와의
이름을 부르고 그의 손을 그 부위 위에 흔들어
나병을 고칠까 하였도다. 다메섹강 아바나와
바르발은 이스라엘 모든 강물보다 낫지 아니하냐.
내가 거기서 몸을 씻으면 깨끗하게 되지 아니하랴"
하고 몸을 돌려 분노하여 떠나니
그의 종들이 나아와서 말하여 이르되 "내 아버지여,
선지자가 당신에게 큰일을 행하라 말하였더면
행하지 아니하였으리이까. 하물며 당신에게
이르기를 씻어 깨끗하게 하라 함이리이까" 하니
나아만이 이에 내려가서 하나님의 사람의 말대로
요단강에 일곱 번 몸을 잠그니 그의 살이 어린아이의
살같이 회복되어 깨끗하게 되었더라.
나아만이 모든 군대와 함께 하나님의 사람에게로
도로 와서 그의 앞에 서서 이르되 "내가 이제
이스라엘 외에는 온 천하에 신이 없는 줄을

아나이다. 청하건대 당신의 종에게서 예물을
받으소서" 하니
이르되 "내가 섬기는 여호와께서 살아 계심을
두고 맹세하노니 내가 그 앞에서 받지 아니하리라"
하였더라. 나아만이 받으라고 강권하되 그가
거절하니라.
나아만이 이르되 "그러면 청하건대 노새 두 마리에
실을 흙을 당신의 종에게 주소서. 이제부터는 종이
번제물과 다른 희생제사를 여호와 외 다른 신에게는
드리지 아니하고 다만 여호와께 드리겠나이다.
오직 한 가지 일이 있사오니 여호와께서 당신의 종을
용서하시기를 원하나이다. 곧 내 주인께서 림몬의
신당에 들어가 거기서 경배하며 그가 내 손을
의지하시매 내가 림몬의 신당에서 몸을 굽히오니
내가 림몬의 신당에서 몸을 굽힐 때에 여호와께서
이 일에 대하여 당신의 종을 용서하시기를
원하나이다" 하니
엘리사가 이르되 "너는 평안히 가라" 하니라.
그가 엘리사를 떠나 조금 가니라(왕하 5:4-19).

정말 성경 전체에서 가장 감동적인 이야기 중 하나다. 보다시피 당당하고 부유한 나아만이 와서 다급하고 간절하게 대면한 사람은 종이자 청지기인 엘리사였다. 성경에서 "하나님의 사람"이라 불린 엘리사는 창조주 하나님의 노꾼이었다. 이 얼마나 놀라운 일인가.

왕을 알현한 나아만은 왕의 축복과 더불어 돈궤를 가득 채워서 히브리 하녀의 권유대로 하나님의 사람을 만나러 갔다. 그가 치료를 위해 가져간 은 십 달란트와 금 육천 개는 현재의 돈으로 환산하면 35억 원이 훌쩍 넘는다.

상상력을 동원하여 그 장면을 떠올려보라. 가슴에 메달을 주렁주렁 단 군대 장관 나아만이 엘리사의 집 문간에 서 있고, 주위에 기병대의 용사들이 도열해 있다. 대단한 군대 수행단답게 온갖 화려한 의전이며 검과 예복도 갖추었다. 틀림없이 그 모습은 일대 장관이었을 것이다. 그런데 막강한 사령관의 기대와는 달리 엘리사는 그를 직접 영접하지 않고 일개 사자를 보내 맞이하게 했다(왕하 5:10).

사자를 통해 엘리사는 나아만에게 요단강에 몸을 일곱 번 씻으라고 지시했다. 그러면 나병이 낫는다는 것이다. 이 말을 들은 나아만은 분기충천하여 떠나버렸다. 그러다 나중에 상황을 재고하고 다시 돌아왔다. 부자에다 거만하던 군대 장관이 한순간 겸손해져서 순순히 복종하자 놀랍게도 요단강의 차가운 물 속에서 병이 씻은 듯이 나았다. 얼마나 신기한 기적인가!

여기서부터 이야기가 아주 재미있어진다. 다시 그 장면을 상상해보라. 당신은 유명하고 부자인데 여러 해 동안 고질병에 시달리다 죽어가고 있다. 그래서 말도 안 되는 치료 계획에 결국 복종하고 말았다. 그러자 기적처럼 병이 사라졌다!

이제 당신은 어떻게 반응하겠는가? 아마 치료해준 사람에게 돈을 있는 대로 다 싸 가서 이렇게 말할 것이다. "선생님, 받으십시오. 제게 해주신 일에 비하면 이 정도도 약소합니다."

나아만도 똑같이 했다. 그런데 그를 놀라게 할 일이 더 남아 있었다. 그 대목을 읽기 전에 엘리사를 생각해보라. 하나님의 선지자로서 희생한 지 여러 해가 지났으니, 지금이야말로 한몫 두둑이 챙길 절호의 기회다. 그러나 엘리사는 한 푼도 받지 않았다! 그의 성품은 극단의 시험을 통과했다.

이처럼 충실한 청지기는 절대 보상을 바라지 않고 섬긴다. 하나님 집의 노꾼이나 청지기에게는 절대로 돈이 충실성의 동기가 못 된다. 엘리사는 나아만에게 그가 몸을 씻을 때 자신은 요단강에 있지도 않았음을 환기했다. 기적을 행하신 분은 하나님이시지 선지자가 아니었다.

그 사실을 명심하라. 신유를 베푸는 사람이란 없다. 다만 하나님이 치유하실 뿐이다. 그분이 치유하기로 작정하시면, 사람 때문이 아니라 그분 자신의 은혜 때문에 치유를 베푸신다. 엘리사는 그것을 알았다. 결국 나아만은 엘리사의 거절을 받아들여 하나님의 사람에게 봉사료를 치르려던 계획을 철회한다. 귀국길에 오른 그는 병도 낫고 마음도 겸손해져 완전히 다른 사람이 되어 있었다(왕하 5:15 참고).

### 신임받던 종 게하시

게하시가 등장하면서 이야기는 더 흥미진진해진다. 사건의 전말을 지켜본 사람이 있었다. 물론 그는 나아만의 전대에서 나온 번쩍이는 금과 빛나는 은도 보았다. 여태까지 게하시는 하나님의 선지자인 엘리사를 충실히 섬긴 믿음직한 노꾼이었다. 엘리사의 충직한 친구이자 청지기였다. 늘 곁에서 사역을 거들고 심부름을 맡고 식사를 준비했다. 아마 그는 변변찮은 보수를 받았으며 살았을 것이다. 그마저 보수가 있었다면 말이다. 이런 청지기 게하시가 한순간 방향을 잃었다.

> 하나님의 사람 엘리사의 사환 게하시가 스스로 이르되 "내 주인이 이 아람 사람 나아만에게 면하여 주고 그가 가지고 온 것을 그의 손에서 받지 아니하였도다. 여호와께서 살아 계심을 두고 맹세하노니 내가 그를 쫓아가서 무엇이든지 그에게서 받으리라" 하고 나아만의 뒤를 쫓아가니(왕하 5:20-21).

## 배신과 기만의 악순환

잘 보면 이 노골적인 기만은 몇 가지 요소로 이루어져 있다. 하나하나가 다 중요하다.

- 합리화: 아전인수식의 잘못된 핑계로 자신의 기만행위를 정당화한다. 보다시피 게하시는 감히 여호와의 이름까지 들먹이며 자신의 이기적 속셈을 더욱 합리화했다(왕하 5:20 참고).
- 탐욕: 이기적 목적으로 더 많이 움켜쥐려는 악한 동기다. 필요하다면 오랜 친구나 고용주를 배신할 수도 있다. 대개 탐욕의 대상은 타인의 소유물이나 재산이다. 본문의 이야기에서도 마찬가지다. 게하시는 나아만을 쫓아가서 "무엇이든지 그에게서 받[기로 작정했다]"(왕하 5:20). 상전인 엘리사의 지도를 받거나 하나님의 공급을 구할 생각은 하지도 않았다. 그냥 탐욕을 채우려고 몰래 떠났다.
- 비밀: 부정 이득을 취하고 돌아온 게하시는 그 일을 일체 비밀에 부치고 증거품을 숨겼다(왕하 5:24 참고). 설상가상으로 자신의 행방을 묻는 엘리사의 면전에서 거짓말까지 했다. 게하시의 배신이 깊어질수록 기만의 강도도 더해갔다.

나아만은 쫓아오는 게하시를 보고 대열을 멈추었다. 나아만이 평안이냐고 묻자 엘리사의 사환은 줄줄이 거짓말을 늘어놓는다. 그의 반응이 어떻게 진행되는지 21-22절을 잘 보라.

- (평안이냐고 묻는 나아만에게) "평안하다."
  그렇지 않았다.
- "우리 주인께서 나를 보내셨다." 그렇지 않았다.
- "두 청년 선지자에게 필요한 것이 있다."
  그렇지 않았다.
- "우리 주인께서 돈을 원하신다." 그렇지 않았다.

당연히 나아만은 게하시가 요구하는 대로 다 주었다. 조금 전에 하나님의 사람 엘리사에게 도움을 받았으므로 이 사령관의 마음에는 감사가 넘쳤다. 그래서 기만은 특히 더 흉측해진다. 게하시는 탐욕으로 배신하느라 엘리사의 깨끗한 평판뿐 아니라 나아만의 감사까지 악용했다. 덧붙이자면, 가까운 사람의 배신은 늘 비밀리에 이루어진다. 당하는 사람도 그때는 모른다. 그래서 나중에 진실이 밝혀질 때 충격이 더 크다.

나도 비슷한 상황에 처해본 적이 있어서 솔직히 털어놓는 것이 얼마나 중요한지 잘 안다. 고등학교 때 나는 유진과 프레드라는 두 짓궂은 녀석과 어울려 다녔다. 어머니는 내게

"유진이랑 프레디하고 어울려 다니기만 하면 꼭 말썽이 나니, 그 애들이랑 놀지 마라!"라고 말씀하곤 하셨다. 맞는 말인데 딱하게도 나는 그 경고를 무시했다.

핼러윈 날 밤에도 셋이서 장난질을 했다. 근처 편의점에서 계란 여섯 개를 사서 각각 두 개씩 손에 들었다. 당시 우리를 가르치던 영어 교사가 우리 동네에 살았는데, 좋게 표현해서 우리는 그녀를 좋아하지 않았다! 그래서 길 건너 잡풀 속에 숨어 있다가 셋을 셀 때 일제히 펄쩍 뛰면서 그녀의 집으로 계란을 던졌다. 여섯 개 다 직통으로 지붕에 맞았다. 완벽했다!

그런데 그 교사의 남편이 현관문으로 엽총을 들고나올 줄은 미처 몰랐다! 그가 총을 장전하기에 우리는 200미터 단거리 경주의 신기록을 세웠다! 집으로 달리다가 나는 실제로 1.8미터 높이의 담장까지 뛰어넘었다. 숨이 차서 헐떡거리며 집에 들어서니 어머니가 차분하게 물으셨다. "찰스, 어디서 오는 길이니?"

나는 아무 말도 못 하고 주뼛주뼛 어머니를 바라보았다.

그러자 어머니가 말을 이으셨다. "프레디하고 유진이랑 함께 있었지?"

"예." 나는 그렇게 대답한 뒤 결국 모조리 실토했고, 우리는 비행의 대가를 치렀다. 어머니가 시키는 대로 셋이서 영어 교사의 집으로 돌아가 잘못을 자백하고 더러워진 지붕을 청소한 것이다. 두 녀석은 나를 미워했지만 어쨌든 지붕을 깨끗이 닦았다. 영영 잊지 못할 경험이었다.

그러나 게하시는 죄를 자백하기는커녕 오히려 잘못을 일체 부인했다. 나아만을 속인 데 더하여 오랜 친구인 엘리사까지 속인 것이다. 게하시의 기만을 확인한 엘리사는 그에게 가혹한 벌을 내린다.

> 엘리사가 이르되 "한 사람이 수레에서 내려 너를 맞이할 때에 내 마음이 함께 가지 아니하였느냐. 지금이 어찌 은을 받으며 옷을 받으며 감람원이나 포도원이나 양이나 소나 남종이나 여종을 받을 때이냐. 그러므로 나아만의 나병이 네게 들어 네 자손에게 미쳐 영원토록 이르리라" 하니 게하시가 그 앞에서 물러나오매 나병이 발하여 눈같이 되었더라(왕하 5:26-27).

## 시대를 뛰어넘는 생생한 교훈

엘리사의 삶에 이런 배신은 절대 용납될 수 없었다. 이렇게 그에게 거짓말하는 게하시라면 다른 일인들 못 하겠는가? 엘리사는 믿었던 오랜 사환에게 배신당했다. 물론 평생의 나

벌은 가혹하고 광범위하며 영구적인 벌이었다. 한번 생각해 보라. 게하시는 그 후로 자신의 탐욕을 얼마나 후회했을 것인가! 그 엄청난 기만을 얼마나 자주 떠올렸을 것인가! 경이로운 기적의 사건이 섬뜩하고 비참하게 막을 내렸다.

그러나 못내 가슴 아픈 이 장면 속에 우리 모두를 위한 몇 가지 생생한 교훈이 들어 있다. 특히 믿는 친구에게 속았거나 배신당한 처지라면 더욱 그렇다.

### 당신의 삶에 기만을 아예 들여놓지 말라

남을 섬기도록 부름받은 노꾼들에게 우선 이것부터 경고한다. 물론 그리스도를 따르도록 부름받은 우리는 다 거기에 해당한다. 당신의 삶에 기만을 아예 들여놓지 말라. 모든 상황과 모든 결정 앞에서 똑같이 이렇게 자문하라. '무엇이 옳은 길인가?' 꾸준히 그렇게 자문하면 절대 기만하는 사람이 될 수 없다.

### 온갖 종류의 합리화를 물리치라

이 원리는 모든 청지기에게 적용된다. 즉 타인의 집이나 자원이나 사역을 맡아 관리하는 사람 모두에게 말이다. 합리화라면 낌새조차도 일체 물리치라. 이렇게 자문하라. '나의

동기는 무엇인가?'

당신이 들으면 놀랄지 모르지만, 내가 목사로 섬기는 교회의 내 책상에는 조그만 표찰 하나만 놓여 있다. 당신이 내 사무실에 들러, 나와 단둘이 마주 앉는다면 책상 위의 목제 명판이 보일 것이다. 내 친구가 공들여 재목을 톱질해서 만들어준 선물이다. 명판에는 이 질문이 적혀 있다. '나의 동기는 무엇인가?' 책상에 앉는 날마다 나는 그 질문을 읽고 답을 생각한다.

삶의 지위와 무관하게 당신도 노꾼이다. 당신은 누군가의 시간과 자원과 재산, 주목과 애정과 존중과 공급을 관리하는 청지기다. 그러니 우리는 모두 게하시의 인생 이야기를 기억하는 것이 현명하다. 기만과 탐욕의 그 비참한 사연은 배신의 무서운 결과로 막을 내렸다.

우리가 다 노꾼이자 관리인임을 절대 잊지 말자. 무엇을 하든지 우리의 목적은 하나뿐이니, 바로 선장이신 예수 그리스도의 영광을 위해서다. 모든 공로는 그분의 몫이고 우리는 노를 저어 섬길 책임이 있다. 날마다 책임을 다하면서 늘 이 두 가지를 자문해야 한다. '무엇이 옳은 길인가?' '나의 동기는 무엇인가?'

## 계속 노를 저으라

내 개인의 이야기로 이번 장을 마치려 한다. 댈러스 신학대학원을 졸업하던 무렵에 나는 세계적으로 명망 있는 목사인 J. 드와이트 펜티코스트J. Dwight Pentecost 밑에서 부교역자로 섬기도록 부름받았다. 그와 나는 극과 극으로 달랐다. 신앙은 같았고 소신도 대체로 같았지만, 나이며 성격이며 경험은 서로 판이했다. 그는 수십 년의 경력을 쌓았으나 나는 아직 20대 후반이었다. 그는 모든 면에서 나와는 달랐다. 그는 현명한 학자였지만, 나는 아직 검증되지 않은 풋내기였다. 그는 숙련된 목회자이자 출중한 성경 강해자였지만, 나는 설교자의 길에 갓 들어선 상태였다. 그는 많은 베스트셀러를 낸 유명 작가였지만, 나는 아직 글쓰기를 꿈꾸는 단계였다. 그는 신학자이자 댈러스 신학대학원에서 존경받는 교수였지만, 나는 겨우 학교를 졸업한 직후였다. 그는 나의 은사였지만, 나는 이제 그를 보좌하는 부교역자였다.

국내외 어디든 펜티코스트 목사가 가는 곳에는 큰 군중이 모였다. 그는 평판에 흠이 없었고 모든 면에서 그리스도의 충실한 메신저의 표상이었다. 그래서 내 자리는 선망의 대상이었다. 한 교회에서 함께 섬기던 여러 해 동안 그가 타지로 출타할 때면 내가 설교를 대신 맡았다. 얼마나 특별한 기회인가!

내가 설교할 때도 군중은 강단에 그가 서는 줄로 알고서 모였다. 군중을 끌어들인 것은 나의 평판이 아니라 그의 평판이었다. 존경받는 펜티코스트 목사의 자리에 스윈돌이라는 신출내기가 대신 서 있음을 교회에 도착해서야 알고는 못내 낙심한 사람도 분명히 많았을 것이다. 나는 그의 후광을 입었다. 나의 인지도는 빌려온 것이었다. 교회를 돋보이게 한 것은 그의 설교였다. 예배당이 꽉 찬 것도 그의 평판이 훌륭해서였지 나 덕분이 아니었다. 오랜 세월 성실하게 헌신해온 그에게 하나님이 보상해주셨다. 나는 노꾼이었고 그가 신임하던 청지기였다.

어느 이른 오후에 교회 장로인 짐이 나를 찾아와 지혜의 말을 들려주었다. 그 말을 선명하게 기억하기 때문에 지금도 거의 그대로 재생해낼 수 있다. 그는 "목사님, 잠깐만 시간 좀 내주실 수 있습니까?"라고 물었다.

"물론입니다, 장로님." 내가 말했다.

그는 내 작은 사무실에 들어와 문을 닫았다.

"제가 이렇게 찾아온 것은 당신을 사랑하기 때문입니다." 장로님은 그렇게 말문을 뗐다. "요즘 당신에 대해 많이 생각하다가 당신이 하나님 앞에서 최대한 잘되었으면 해서 찾아왔습니다. 장로로서 쭉 지켜보았는데 당신과 펜티코스트 목사님이 긴밀히 동역하는 모습이 참 보기 좋았습니다. 둘의 관계가 좋아 보여서 앞으로도 그렇게 지속되기를 바랍니다. 하지만 목사님, 당신이 알아야 할 게 있습니다. 둘 중에 당신의 자리가 더 위태롭습니다. 제 말을 잘 들어보십시오. 저는 당신이 펜티코스트 목사님의 이름을 내세워 덕을 보려는 유혹을 물리쳤으면 좋겠습니다. 모든 권리 의식을 경계했으면 좋겠습니다. 은근히 자신이 주목받으려 하거나 사역의 공로를 취하려는 시도를 철저히 삼갔으면 좋겠습니다. 분명히 말하지만, 당신이 현재 그러고 있다는 뜻은 아닙니다." 그가 솔직히 말했다. "앞으로도 그런 일이 없기를 바랍니다. 당신이 부교역자로서 누리는 많은 혜택은 지난 세월 스스로 노력해서 얻어낸 것이 아니라 펜티코스트 목사님이 수고하신 열매입니다. 그래서 하나님이 그분께는 주도하는 역할을 주셨고, 당신에게는 보좌하는 역할을 맡기셨습니다."

얼마나 지혜로운 말인가! 아주 귀한 시간이었다. 나를 아껴줄 뿐 아니라 더 중요하게는 우리 교회를 깊이 사랑하는 사람에게서 경건한 조언을 들었으니 말이다. 그의 말은 다 옳았다. 그는 내게 갑판 아래의 내 자리에 앉아 노를 저으라고 말한 셈이다. 열심히 노를 젓고 충실하게 계속 저으라고 말이다.

당신이 이 글을 읽다가 혹시 장로님의 대담한 발언 때문에 그를 오판할지도 모르겠다. 하지만 더 알아야 할 점이 있다. 내 사무실을 나서기 전에 그는 나를 바짝 당겨 꼭 끌어안고 이렇게 말했다. "다시 한번 말하지만, 저는 당신을 사랑하며 당신이 하나님 앞에서 최대한 잘되기를 바랍니다. 저도 이 말을 나눌지를 두고 고민했는데, 주님께서 저를 여기로 인도하여 이 말을 하게 하셨다고 믿습니다. 그러니 부디 잊지 마시기를 바랍니다."

나는 그에게 절대 잊지 않겠다고 다짐했다. 지금도 그 말이 내 귓전에 맴돈다. 다음은 충실한 섬김의 중요성을 더 잘 기억하려고 내가 기존의 동요 가사를 개사한 것이다(우리말로 "리리릿 자로 끝나는 말은"으로 번안된 곡인데, 원문 첫 가사가 "배의 노를 저어라"이다—역주).

> 노를 저어라
> 쉬지 말고서.
> 충성을 다하여 주님을 섬겨라,
> 배의 선장을.

그러니 행여 오랜 친구가 당신을 배신해도 계속 노를 저으라. 자세한 내막은 주님이 아신다. 정확히 무슨 일이 있었는지 그분이 아시니 그분께 맡기라. 당신과 나의 영광은 빌려온 것이다. 그분의 이름을 찬송하고 영화롭게 하기 위하여 우리 함께 쉬지 말고 노를 저어나가자.

* 제4장 *

# 다른 사람의 잘못을 지적해야 한다면?

남의 죄를 드러내야 할 때를 위한 하나님 말씀

그 사실을 알게 된 날은 내 인생에서 참 괴로운 날이었다. 성경 강해를 잘하기로 알려져 있고, 주변 사람들에게 존경받던 한 남성이 유부녀인 학생과 외도를 벌이고 있다는 것이었다. 어떤 사람이 나를 찾아와 말했다. "분명히 말하는데, 이 남자의 은밀한 삶에 대해 어떤 조치를 취하지 않으면 내일 그 여자의 남편이 그를 죽일 겁니다."

그러면서 그가 내게 갈색 봉투를 건넸는데, 거기 두 사람의 동침 장면이 담긴 증거 사진들이 들어 있다고 했다. 나는 보지도 않고 말했다. "당신의 말을 믿습니다. 그런데 왜 나한테 말하는 겁니까?"

그가 한 대답은 내가 듣고 싶지 않던 말이었다. "당신이 그 남자의 목사니까 당연히 당신이 지적해야지요."

나는 상황을 최대한 잘 수습하고 최종 결과를 주님께 맡겼다. 이것만은 말할 수 있다. 잘못을 지적하는 일은 심히 어려웠다. 그래도 나는 지적했다. 주님이 주신, 반박할 수 없는 메시지라서 전해야만 했다. 슬프고 괴로웠지만, 꼭 필요한 지적이었다.

직언은 절대 즐거운 일이 아니며 특히 상대의 죄를 지적해야 할 때는 더하다. 올바른 이유로 지적하는 사람치고 그 일이 좋아서 하는 사람은 없다. 불편한 대화인 만큼 울며 겨자 먹기일 때가 많다. 그러나 미리 밝혀두지만, 남의 죄를 지적하는 역할은 목사나 사역 지도자만의 전유물이 아니다. 원래 그리스도의 몸 된 교회는 우리가 피차 복종하며 살아가는 안전한 사랑의 장이다(엡 5:21 참고). 그러려면 철저히 솔직해야 하고, 진실을 직시할 필요가 있는 사람에게는 기꺼이 그 일을 '거론해야' 한다. 반드시 서로 감시해주어야 한다!

성경에서 남의 죄를 지적한 대표적 사례는 하나님이 다윗 왕에게 선지자 나단을 보내셨을 때다. 나단의 임무는 다윗이 밧세바에게 저지른 죄를 그에게 직언하는 것이었다. 왕의 죄를 지적하기 전에 나단이 속으로 어떻게 고뇌했는지는 모르지만, 분명히 하나님과 긴 대화를 나눈 후에야 알현실에 들어갔을 것이다. 나단에게 파악된 다윗의 죄상은 여태 덮어둔 간음, 밧세바의 남편 우리아를 죽인 일, 위선적 삶 등 줄줄이 많았다. 그가 다윗에게 직언하는 데는 틀림없이 엄청난 용기가 필요했을 것이다. 중요하지만 자주 오해되는 이 주제를 공부하기 위한 배경으로, 아래에 사무엘하 12장의 해당 장면을 전부 인용한다. 본문을 천천히 생각하며 읽어보라.

> 여호와께서 나단을 다윗에게 보내시니
> 그가 다윗에게 가서 그에게 이르되 "한 성읍에
> 두 사람이 있는데 한 사람은 부하고 한 사람은
> 가난하니 그 부한 사람은 양과 소가 심히 많으나
> 가난한 사람은 아무것도 없고 자기가 사서 기르는
> 작은 암양 새끼 한 마리뿐이라. 그 암양 새끼는
> 그와 그의 자식과 함께 자라며 그가 먹는 것을
> 먹으며 그의 잔으로 마시며 그의 품에 누우므로
> 그에게는 딸처럼 되었거늘 어떤 행인이 그 부자에게
> 오매 부자가 자기에게 온 행인을 위하여 자기의 양과
> 소를 아껴 잡지 아니하고 가난한 사람의
> 양 새끼를 빼앗아다가 자기에게 온 사람을 위하여
> 잡았나이다" 하니
> 다윗이 그 사람으로 말미암아 노하여 나단에게
> 이르되 "여호와의 살아 계심을 두고 맹세하노니
> 이 일을 행한 그 사람은 마땅히 죽을 자라. 그가

불쌍히 여기지 아니하고 이런 일을 행하였으니
그 양 새끼를 네 배나 갚아주어야 하리라" 한지라.
나단이 다윗에게 이르되 "당신이 그 사람이라.
이스라엘의 하나님 여호와께서 이와 같이
이르시기를 '내가 너를 이스라엘 왕으로 기름 붓기
위하여 너를 사울의 손에서 구원하고 네 주인의
집을 네게 주고 네 주인의 아내들을 네 품에 두고
이스라엘과 유다 족속을 네게 맡겼느니라.
만일 그것이 부족하였을 것 같으면 내가 네게
이것저것을 더 주었으리라. 그러한데 어찌하여
네가 여호와의 말씀을 업신여기고 나 보기에 악을
행하였느냐. 네가 칼로 헷 사람 우리아를 치되 암몬
자손의 칼로 죽이고 그의 아내를 빼앗아 네 아내로
삼았도다. 이제 네가 나를 업신여기고 헷 사람
우리아의 아내를 빼앗아 네 아내로 삼았은즉 칼이
네 집에서 영원토록 떠나지 아니하리라' 하셨고
여호와께서 또 이와 같이 이르시기를 '보라, 내가
너와 네 집에 재앙을 일으키고 내가 네 눈앞에서
네 아내를 빼앗아 네 이웃들에게 주리니
그 사람들이 네 아내들과 더불어 백주에
동침하리라. 너는 은밀히 행하였으나 나는 온
이스라엘 앞에서 백주에 이 일을 행하리라'

하셨나이다" 하니
다윗이 나단에게 이르되 "내가 여호와께 죄를
범하였노라" 하매
나단이 다윗에게 말하되 "여호와께서도 당신의
죄를 사하셨나니 당신이 죽지 아니하려니와
이 일로 말미암아 여호와의 원수가 크게 비방할
거리를 얻게 하였으니 당신이 낳은 아이가 반드시
죽으리이다" 하고
나단이 자기 집으로 돌아가니라. 우리아의 아내가
다윗에게 낳은 아이를 여호와께서 치시매 심히
앓는지라(삼하 12:1-15).

## 적절한 지적

우리는 믿음으로 행하지만, 그렇다고 하나님과 타인에 대한 책임이 없다는 뜻은 아니다. 성경 어디에도 '서로 참견하지 말고 지내라'든지 '어찌 되든 상관없다!'라든지 '네가 나를 내버려 두면 나도 너를 내버려 두겠다'와 같은 구절은 없다. 예수님은 우리에게 그런 경박한 태도와 행동을 권하신 적이 없다. 예수님처럼 사랑한 사람은 세상에 없지만, 동시에 그분은 제자가 잘못된 길로 빠지면 절대 남의 일인 듯이 여기지 않으시고 잘못을 지적하셨다. 단, 언제나 사랑으로 하셨고, 그들이 회복되기를 바라셨다.

예수님은 왜 죄를 지적하실까? 왜 꼭 지적해야 한다고 생각하실까? 직접 해주는 직언이야말로 잘못에 빠진 사람을 사랑한다는 증거이기 때문이다(히 12:6 참고). 내가 이해하기로 성경적 지적은 이렇게 진행된다. 우선 출발점은 사랑이다. 사랑하기에 직언하는 것이다. 실제로 우리는 문제를 지적할 만큼 상대를 소중히 여긴다. 상대가 잘되기를 바란다. 사랑이 깊기에 하기 힘든 말도 해야 한다. 그만큼 사랑한다는 증거다. 다음과 같이 남을 진심으로 걱정해주는 사람들을 생각해보라.

- 좋은 의사는 환자에게서 건강에 해로운 습관이 보이면 이를 지적해준다. 우리도 의사는 당연히 그러려니 예상한다. 이런 정직성은 그가 좋은 의사라는 한 징후다.
- 좋은 코치는 선수의 나태함을 지적하고 허술한 시합 태도를 바로잡아준다. 선수들은 자신의 기량이 최대한 발휘되도록 신경 써주는 코치 밑에서 활동하기를 원한다. 질책의 말과 잦은 지적까지도 감수하면서 말이다.
- 부모는 유년기나 사춘기 자녀의 잘못된 태도와 행동을 지적해준다. 우리도 부모(나 조부모)로서 그렇게 해야 할 때가 얼마나 많은가! 분명히 우리의 동기는 자녀를

향한 사랑이다. 우리는 자녀가 철들어 자제력을 보이고 훌륭한 태도를 갖추기를 원한다.
- 절친한 사이라면 친구도 직언할 때가 있다. 진정한 친구는 서슴없이 따로 자리를 마련해 서로 허물을 지적해준다. 내가 잘못된 길로 갈 때, 나를 사랑하기에 더 좋은 길로 이끌어주는 친구들이 있었으면 좋겠다. 당신도 같은 심정일 것이다.
- 배우자도 종종 서로 잘못을 지적해주어야 한다. 건강한 부부 관계에서 빼놓을 수 없는 것이 직언이다.

얼마 전에 나는 설교를 정말 잘하는 어느 젊은 목사에 대해 읽었다. 소문이 나서 그의 작은 교회를 새로 찾는 사람이 날로 더 많아졌다. 머잖아 교회는 불어나는 청중을 소화하기 위해 예배 횟수를 늘려야 했고, 그래도 역부족이어서 결국 건물을 새로 지어야 했다. 문제는 언제부턴가 목사가 자신의 속임수를 진실인 양 믿었다는 것이다. 그의 아내 외에는 아무도 이를 눈치채지 못했다. 당연히 아내는 그 모습에 염증을 느꼈다.

그날도 꽉 찬 청중 앞에서 대단한 설교를 마친 목사는 문간에 서서 칭찬 세례를 받았다(내 사역 스승 하나는 이를 '벌레 예찬'이라고 부른다!). 귀갓길의 자동차 안에서 그가 아내에게서도 비슷한 반응을 끌어내려고 했으나 그녀는 무감하게 침묵으로 일관했다.

결국 그의 입에서 이런 말이 쏟아져 나왔다. "스미스 권사님이 그러시는데 내가 우리 시대 최고의 강해자 대열에 빠르게 진입하고 있답니다! 요즘은 훌륭한 강해자가 몇이나 되려나 모르겠군요."

그 말에 아내는 이렇게 대답했다. "당신의 생각보다는 한 명이 적겠지요!"

적절한 지적이었다. 아무도 해주지 않을 말을 아내나 남편보다 더 잘 (사랑으로!) 해줄 사람이 누구겠는가? 우리가 그렇게 하는 이유는 상대를 통제하기 위해서가 아니다. 강자로 군림하거나 배우자의 흠을 잡기 위해서도 아니다. 우리는 사랑하기에 지적한다. 죄를 못 본 체하기에는 상대를 너무도 사랑하기 때문이다.

### 사랑에서 난 지적

남의 죄를 지적하는 일은 사랑의 실천이다. 지적의 중요성을 강조한 성경 본문을 몇 군데 살펴보자.

> 형제들아, 사람이 만일 무슨 범죄한 일이 드러나거든 신령한 너희는 온유한 심령으로 그러한 자를 바로잡고 너 자신을 살펴보아 너도 시험을 받을까

두려워하라(갈 6:1).

지적할 때는 온유하고 겸손해야지 고약한 태도로 해서는 안 된다. 성질을 부리거나 분노를 터뜨리지 말고 온유해야 한다. 그렇지 않으면 우리도 시험에 들 수 있다.

친구의 아픈 책망은 충직으로 말미암는 것이나
원수의 잦은 입맞춤은 거짓에서 난 것이니라
(잠 27:6).

원수가 입을 맞추면 당신에게 아무런 도움이 되지 않는다. 그러나 친구가 적시에 뼈아픈 말을 해주면 이는 당신이 사랑받고 있다는 증거다. 그런 말은 아파도 결국은 해롭지 않은 충언이다.

상하게 때리는 것이 악을 없이하나니 매는 사람
속에 깊이 들어가느니라(잠 20:30).

여태 나도 스승이나 친한 친구나 아내나 자녀에게 잘못을 지적받을 때마다 내 삶이 조금 더 깨끗해졌다. 죄를 지적할 때의 핵심은 온유한 사랑이다.

## 사랑에서 나지 않은 지적

사랑에서 난 지적은 상대를 통제하려는 시도가 아니다. 목표는 상대의 태도나 방향에 변화를 일으켜 그리스도를 높이는 데 있다. 남의 죄를 지적할 때는 상대를 내 틀에 끼워서 맞추거나 비판하거나 창피를 주려 해서는 안 된다. 오히려 민감한 대화인 만큼 마지못해 주저하며 그 과정에 임해야 한다. 열심을 내거나 공개적으로 할 일은 절대 아니다. 사도 바울의 성숙한 관점을 잘 보라.

> 이는 우리가 이제부터 어린아이가 되지 아니하여 사람의 속임수와 간사한 유혹에 빠져 온갖 교훈의 풍조에 밀려 요동하지 않게 하려 함이라. 오직 사랑 안에서 참된 것을 [말]하여 범사에 그에게까지 자랄지라. 그는 머리니 곧 그리스도라(엡 4:14-15).

지적의 원칙은 꼭 해야 말을 사랑의 자세로 하는 것이다. 지적할 때 마음이 아프지 않다면 어쩌면 당신은 지적해서는 안 된다. 상대에게 그가 부정하거나 숨기려는 죄를 지적한다는 것은 고통스러운 일이다. 따끔하게 직언하려면 정서적으로 진이 빠진다. 당신의 말을 통해 하나님이 상대에게 진실을 보여주시리라는 그 믿음만이 이 일의 보람이다.

그동안 나도 책임지고 남의 잘못을 지적해야 했던 적이 몇 번 있었다. 상대가 교인일 때도 간혹 있지만 늘 그런 것만은 아니었다. 어떨 때는 사역 동료나 친한 친구에게 직언할 책임을 진 적도 있다. 일단 믿을 만한 출처에서 누군가에게 문제가 있다는 말이 들려오면, 나는 충분히 조사하여 사실을 확인한다. 문제를 지적해야겠다는 (의욕이 아니라) 부담감은 그 후에야 생겨난다. 내 경우 근거는 이렇다. 해당 죄가 해결되지 않으면 그리스도의 몸 된 교회에 미칠 해악이 어마어마하다는 것이다. 침묵하기에는 너무 위험이 크다. 그뿐 아니라 그 사람을 향한 사랑이 나를 강권한다.

과정은 단순하고 직선적이다. 혼자서나 다른 믿을 만한 사람과 함께 상대를 만난다. 많은 사람이 이를 '엄한 사랑'이라 칭해왔다. 이는 지적받는 쪽만 아니라 지적하는 쪽도 힘든 일이다. 만날 때 상대가 당신의 의중을 미리 아는 경우는 드물다. 충격은 회개를 낳는 매우 효과적인 요소가 될 수 있다. 뛰어난 재능 속에 흠을 감추고 있던 왕을 하나님이 나단을 통해 정신 차리고 무릎을 꿇게 하실 때도 충격이 큰 역할을 했다. 옛날의 그 장면으로 다시 돌아가 배경을 풀어나가면서 나단의 방법을 분석해보자.

## 성경에 나오는 엄한 사랑의 사례

당신이 다윗 왕정의 전성기에 살았다면 엄청난 형통을 누리며 삶이 최고조에 달했을 것이다. 다윗 왕 치하의 삶은 최상의 명예였을 것이다. 이스라엘 왕 다윗은 전투에서 져본 적이 없었다. 그런 지도자의 지휘하에 살다니 얼마나 대단했겠는가. 다윗의 이름이 사람들에게 널리 알려졌고, 원근 각처의 사람들이 그를 우러렀다. 그는 백성을 잘 이끌고 용감하게 싸웠을 뿐 아니라 하나님의 백성이 부를 찬송가와 예배 음악도 지었다. 다윗은 이스라엘 나라를 승리와 번영으로 이끌어 백성의 마음을 얻었다.

그러나 다윗에게도 결점은 있었다. 왕궁에 비밀이 있었는데, 비밀을 지키기로 맹세한 몇몇 사람 외에는 아무도 몰랐다. 다윗의 성공은 무서운 결과를 낳았다.

### 역사적 정황

성경의 이야기를 보면 다윗이 큰 죄를 짓는 과정이 이렇게 묘사되어 있다.

> 그해가 돌아와 왕들이 출전할 때가 되매 다윗이
> 요압과 그에게 있는 그의 부하들과 온 이스라엘
> 군대를 보내니 그들이 암몬 자손을 멸하고 랍바를

에워쌌고 다윗은 예루살렘에 그대로 있더라
(삼하 11:1).

군대와 함께 전쟁터에 나갔어야 할 그날, 다윗은 순간적으로 약해져서 왕궁에 '그대로 있었다.' 그러고는 혼자 한적한 시간을 보내다가 그는 몰락을 자초한다. 그 이야기는 이렇게 이어진다.

> 저녁때에 다윗이 그의 침상에서 일어나 왕궁
> 옥상에서 거닐다가 그곳에서 보니 한 여인이 목욕을
> 하는데 심히 아름다워 보이는지라. 다윗이 사람을
> 보내 그 여인을 알아보게 하였더니 그가 아뢰되
> "그는 엘리암의 딸이요 헷 사람 우리아의 아내
> 밧세바가 아니니이까" 하니(삼하 11:2-3).

놀랍게도 왕은 밧세바가 유부녀요, 우리아의 아내라는 보고를 듣고도 자신의 음탕한 계획을 밀고 나갔다. 다윗의 속셈을 그가 보낸 하인도 알지 않았을까 하는 의구심을 떨칠 수 없다.

다윗은 왕궁으로 불려온 밧세바와 동침했다. 둘은 섹스를 했다. 그뿐이었다. 사랑이 아니라 순전히 정욕을 채우려는 노골적 섹스였다. 시편의 일부 시를 침대에 앉아서 썼을지도 모르는 다윗이 바로 그 침대에서 충격적이리만치 음흉하고 기만적인 간음죄를 저질렀다.

머잖아 밧세바가 왕에게 자신의 임신 사실을 알려왔다. 이때가 다윗이 잘못을 인정하고 피해자들에게 자백할 기회였다. 그랬다면 결국 그들도 그를 용서했을 것이다. 그는 밧세바의 남편 우리아에게 자신의 죄를 시인할 수도 있었다. 그러나 당황하기만 했지, 그런 반응은 전혀 보이지 않았다. 기도도 하지 않았다. 자신의 실패를 수습하려면 하나님의 자비와 용서와 도움을 구해야 하는데 그러지 않았다.

그 대신 왕의 창의력은 치밀한 은폐를 꾸며내는 데 투입되었다. 태아의 아버지가 우리아처럼 보이게 할 방책이 필요했다. 다윗은 급히 전쟁터에 있던 우리아를 불러들여 진수성찬을 대접한 뒤 아내와 함께 운우지정의 밤을 즐기도록 회유했다. 그러나 충신 우리아는 귀가조차 하지 않고 일부러 왕궁 현관에서 잤다.

이튿날 아침, 다윗은 자신의 계획이 무산되었음을 알고 다시 해보기로 했다. 이번에는 우리아를 술에 취하게 한 뒤 집에 가서 아내와 동침하도록 재차 유도했다. 그러나 우리아는 또 마다하고 복도에서 잤다. 다윗은 머릿속이 하얘졌다. 그래서 자제력을 잃고 선을 넘어버린다.

공황 상태는 신속히 혼돈으로 치달았다. 죄는 대개 그렇게 전개된다. 다윗은 지령을 작성하여 우리아를 전쟁터로 돌려보내면서, 이번에는 그를 싸움이 가장 맹렬한 최전선에 배치되게 했다. 우리아의 사형 집행 영장에 서명한 셈이다. 그는 이 전언을 봉하여 우리아 본인 편으로 요압에게 보냈고, 요압은 주저 없이 명령대로 실행했다.

우리아가 전사했다는 소식이 왕에게 전해졌고, 밧세바는 남편을 애도했다. 다윗의 사악한 비밀 계획은 성공을 거두었다. 애도 기간이 끝나자마자 다윗은 밧세바를 데려다가 속성 혼례를 치렀다. 머잖아 그녀의 배가 불러올 테니 말이다. 이 사실은 출산일이 되기 한참 전부터 왕궁과 나라의 모든 사람에게 알려졌다. 그래도 다윗은 실토하지 않았다. 사무엘하 11장 끝에 이런 불길한 진술이 나온다.

> 다윗이 행한 그 일이 여호와 보시기에
> 악하였더라(삼하 11:27).

그 무렵의 다윗은 어떤 심정이었을까? 시편 51편과 32편을 읽어보라. 이 두 시에 다윗은 1년여의 은폐 기간에 자신이 떠메고 살던 짐을 생생히 고백했다. 그는 꼭 신열에 휩싸인 듯 죄책감에 시달렸고, 자신의 죄에 짓눌려 거의 미칠 지경이었다.

에든버러의 세인트조지 자유교회에서 다년간 섬긴 스코틀랜드의 덕망 있는 설교자 알렉산더 화이트 Alexander Whyte

는 이런 인상적인 말을 남겼다. "다윗 같은 사람이 그 기간 내내 간음죄와 살인죄에 파묻혀 살면서도 미치지 않을 수 있었다는 것은 그야말로 상상을 초월한다…내면의 위선은 불경하기 짝이 없게 신성을 모독한다."1)

그런데도 다윗은 1년 이상 버티며 죄를 숨겼다. 사건의 내막을 다 아는 사람은 그 나라에 아무도 없었다. 그는 연이은 흉악 범죄에 양심의 가책을 느끼면서도 용케 삶을 이어갔다. 그러던 어느 날 누군가가 왕궁 문을 두드렸다. 찾아온 손님은 뜻밖에도 선지자 나단이었다. 다재다능한 대왕에게 들려줄 이야기가 있었던 것이다.

### 괴로운 왕을 상대로 한 모범적 지적

우리 대부분은 왕의 잘못을 지적하기는 고사하고 왕을 대면한 적조차 없다. 그런데 하나님은 나단에게 아무도 선망하지 않을 그 일을 맡기셨다. 얼마나 중책인가! 틀림없이 그는 무슨 말을 해야 할지 심사숙고했을 것이다. 몇 시간씩 기도하며 주님의 지혜를 구했을 것이다. 마침내 준비된 그는 왕궁에 입궐했다. 나단이 문안부터 올리고 나서 다윗 왕에게 들려준 이야기는 이렇다.

"한 성읍에 두 사람이 있는데 한 사람은 부하고
한 사람은 가난하니 그 부한 사람은 양과 소가

심히 많으나 가난한 사람은 아무것도 없고 자기가
사서 기르는 작은 암양 새끼 한 마리뿐이라. 그
암양 새끼는 그와 그의 자식과 함께 자라며 그가
먹는 것을 먹으며 그의 잔으로 마시며 그의 품에
누우므로 그에게는 딸처럼 되었거늘 어떤 행인이 그
부자에게 오매 부자가 자기에게 온 행인을 위하여
자기의 양과 소를 아껴 잡지 아니하고 가난한
사람의 양 새끼를 빼앗아다가 자기에게 온 사람을
위하여 잡았나이다" 하니
다윗이 그 사람으로 말미암아 노하여 나단에게
이르되 "여호와의 살아 계심을 두고 맹세하노니
이 일을 행한 그 사람은 마땅히 죽을 자라"
(삼하 12:1-5).

그야말로 명치에 묵직하게 한 방을 날리는 이야기다! 오래전에 나는 내 친구 워렌 위어스비Warren Wiersbe에게서 이야기의 성질과 위력에 대해 아주 유익한 내용을 배웠다. 좋은 이야기는 그림으로 시작된다. 그림은 듣는 내용을 가시화하여 우리의 상상 속에 스며들게 한다. 그러다 거울로 바뀌어 우리 자신의 참모습을 비추어준다. 거울은 다시 창으로 변하여 우리에게 그 장면 속에서 역사하시는 주님을 보게 해준다.

나단의 이야기를 듣고 난 다윗에게도 가난한 사람과 그의 절박한 곤경이 그림처럼 보였다. 모든 불의가 보였다. 가난한 사람의 품에 눕던 소중한 암양 새끼를 부자가 도살하는 모습이 다윗에게 상상되었다. 양을 구워서 손님에게 내놓는 것까지 보였다. 자부심이 강한 왕은 더는 감정을 억누를 수 없었다. 그림이 그를 격노하게 했다.

열정의 사람답게 다윗은 분노를 터뜨렸다. 바로 그때 나단이 다윗에게 "아타 하이쉬(Attah ha-ish)"라고 말한다. 번역하면 "당신이 그 사람이라! 다윗이여, 그 범죄자는 당신이며 이 이야기는 당신에 대한 것이라!"가 된다.

이제부터 선지자 나단이 목회자 나단으로 바뀐다. 그에게 맡겨진 임무는 왕의 죄를 지적하여 회개로 이끌어야 하는 황공한 일이었다. 잘 보면 나단은 다윗에게 소리를 지르거나 고함치지 않았다. 아마 언성조차 높이지 않았을 것이다. 나단의 말 속에 모욕은 낌새조차 없었다. 그는 사실을 진술했을 뿐이다.

이때까지 다윗은 전쟁에서 패배를 맛본 적이 없었다. 그의 삶은 지붕의 한쪽 면처럼 계속 위로 올라가기만 했다. 골리앗과 싸울 때부터 낮잠 후 밧세바를 보던 그 저녁까지 그는 연승가도를 달렸다. 그런데 이제 하나님이 그에게 이런 식으로 말씀하신다. "다윗아, 내가 네게 훨씬 많은 일도 해주었을 것이다. 내가 베푼 은혜가 충분하다. 너는 내 마음에 맞는 사람이요, 사울을 대신하여 본보기로 세운 사람이니, 너 같은 사람은 없었다. 내가 네게 더한 일도 얼마든지 해주었을 것이다.”

이어 하나님은 나단을 통해 목자였던 왕에게 이렇게 준열하게 물으신다. “그러한데 어찌하여 네가 여호와의 말씀을 업신여기고 나 보기에 악을 행하였느냐”(삼하 12:9).

보다시피 나단은 다윗의 간음을 '악'으로 규정했다. 오늘날 대다수 잡지나 텔레비전 프로그램이나 명사들에 대한 가십을 늘어놓는 웹사이트에서는 그런 세계관을 볼 수 없다. 하지만 나단은 악을 악이라고 불렀다. 여태 다윗은 자신의 죄를 합리화하려 했을 수도 있다. 자신은 우리아를 격전지로 보냈을 뿐이고 암몬 자손의 칼이 그를 죽였다고 말이다. 그러나 하나님은 상황을 그렇게 보지 않으셨다.

> “여호와께서 또 이와 같이 이르시기를 '보라, 내가 너와 네 집에 재앙을 일으키고 내가 네 눈앞에서 네 아내를 빼앗아 네 이웃들에게 주리니 그 사람들이 네 아내들과 더불어 백주에 동침하리라. 너는 은밀히 행하였으나 나는 온 이스라엘 앞에서 백주에 이 일을 행하리라' 하셨나이다” 하니(삼하 12:11-12).

그 순간 무슨 일이 벌어졌는지 아는가? 나단이 이야기로 그린 그림이 거울로 변했다. 더는 부자와 가난한 사람과 암양 새끼의 그림이 아니라 이제 다윗 자신의 모습이 비쳐 보였다.

전부 보였다. 여태 숨겨온 비밀이 모두 훤히 드러났다. 나아가 그 거울은 창이 되어 다윗에게 지극히 거룩하신 주님을 보여 주었다. 그래서 그는 "내가 여호와께 죄를 범하였노라"(삼하 12:13)고 고백했다.

당신이 누군가의 죄를 지적하도록 부름을 받아 성령의 능력으로 살아 계신 하나님의 명령에 순종하면, 누구도 당신을 당해낼 수 없다. 그간의 망설임과 두려움은 모두 사라진다. 그 순간 나단은 다윗이 왕이라는 사실에 별로 개의치 않았다. 왕의 전투 공훈에 압도되지 않았고, 왕의 대단한 권력이나 엄청난 영향력이나 음악적 재능에 주눅이 들지도 않았다. 나단은 하나님께 몰두하고 압도되었다. 그뿐이다. 그는 할 일이 있었고 그 일을 해냈다. 단순히 순종했다.

나단은 자신이 주님의 명령에 따르고 있음을 알았기에 흔들리지 않았다. 우리도 다음번에 누군가의 죄를 지적하도록 부름을 받을 때 이 원리를 기억하면 좋다. 상대의 반응과 무관하게 당신은 여전히 하나님이 보내신 메신저다.

### 은혜를 향해 열리는 창

나단은 "여호와께서도 당신의 죄를 사하셨나니"라고 대답했다. 일단 여기서 멈추라! 이야기가 그림이 되고 그림이 거울이 되고 거울이 창이 되어, 죄를 능가하는 희망을 향해 열렸다. 이를 은혜라 한다! 하나님의 용서가 다윗에게 즉시 확언되었다.

> 나단이 다윗에게 말하되 "여호와께서도 당신의
> 죄를 사하셨나니 당신이 죽지 아니하려니와 이 일로
> 말미암아 여호와의 원수가 크게 비방할 거리를 얻게
> 하였으니 당신이 낳은 아이가 반드시 죽으리이다"
> 하고(삼하 12:13-14).

이 시점에서 나단은 자신의 일이 끝났음을 알았다. 그는 메시지를 전했고 결과는 하나님의 소관이었다. 나단은 주님의 메시지를 들고 와서 잊지 못할 방식으로 소통했다. 이제부터는 하나님이 넘겨받으신다. 하나님의 놀라운 은혜를 보여주는 귀한 장면이다. 그분의 일을 그분의 방식대로 하면 그분의 목적이 이루어져 그분께 영광이 돌아간다. 나는 그것이 참 좋다.

## 은혜는 당신의 마음 문을 연다

이 글을 읽다가 당신에게도 해결할 문제가 있음을 깨달았을 수 있다. 이 이야기가 창이 되어 당신의 당면 상황을 새롭게 보게 해주었는지도 모른다. 하나님 말씀의 거울에 문득 당신의 모습이 비쳐온다. 만일 그렇다면 이는 당신과 하나님 사이의 일이다. 당신이 답할 대상은 나도 아니고, 길가의 누구나 교회의 통로 저편에 앉은 누구도 아니다. 나단처럼 나도 단지 메신저로서 이 책을 썼다. 우리가 어디에 있든 또는 무엇을 했든, 하나님의 진리가 우리 모두의 잘못을 드러낸다.

그래도 개인적으로 당신에게 이것만은 말할 수 있다. 당신이 죄 가운데 있다면 이제 거짓된 삶을 청산해야 한다. 당신의 삶 속에 죄가 숨겨져 있어 하나님이 그 실상을 드러내셨다면, 당신은 자백해야 한다. 신속하고 전적으로 자백하라. 더는 숨기거나 비밀로 하지 말라. 속이거나 죄를 합리화해서도 안 된다. 진실을 피하려던 시간은 이제까지로 족하다. 여태 숨겨온 것이 무엇이든 당신은 하나님을 만나서 그것을 직시해야 한다.

죄를 짓고도 무사하면 일단은 안도감이 들지만, 이는 하나님이 판단 내리기를 보류하셨기 때문이다. 경고하건대 하나님을 진지하게 대하라. 죄를 자백하라. 가장 가까운 사람들에게 털어놓으라. 지금 그분께 자백하는 편이 계속 죄와 고통스러운 결과에 더 깊이 빠져드는 것보다 훨씬 낫다. 하나님은 은혜의 창을 열어 모든 것을 새롭게 해주신다. 그러니 어서 자백하라.

## 간단히 정리한 지적의 원리

당신의 미래가 어떻게 될지 나는 모른다. 당신이 어떻게 누군가의 죄를 지적하도록 부름을 받을지 모른다. 죄를 지적하는 일은 복음 사역자만 감당할 책임이 아니다. 말하기 힘든 진실을 사랑으로 말하는 일은 모든 신자의 책임이다.

부언하자면 죄를 용서받았어도 죄의 결과는 감당해야 한다. 다윗은 온전히 용서받았지만 그의 아기는 죽었다. 나중에는 그의 집안도 혼란에 빠진다. 차마 지켜보기 힘든 결과가 줄을 잇는다. 그래도 하나님은 다윗이 죽는 날까지 은혜로 그를 써주셨다.

본문의 이야기에서 남의 죄를 성경적으로 지적하는 데 도움이 될 여섯 가지 원리를 깨달을 수 있다. 이를 든든한 기초로 삼아 당신도 회복의 사역을 구축해나가기를 바란다.

1) 하나님의 인도하심에 따르라: 주님이 나단을 보내 다윗의 죄를 지적하게 하셨음을 잊지 말라. 나단이 왕과 대화해야겠다고 생각해서 스스로 나선 게 아니다. 그는 다윗의 삶에 대한 재판관과 배심원으로 자처하지도 않았다. 그저 주님의 명령과 인도하심에 따랐을 뿐이다.

2) 때를 신중히 정하라: 나단이 다윗의 문을 두드린 때가 다윗이 간음한 다음 날이나 우리아를 죽인 지 이틀 후

가 아니라는 게 흥미롭지 않은가? 그는 기다렸다. 시간이 흐르게 두었다. 아마 다윗 스스로 양심에 찔려 회개하는지를 보려 했을 것이다. 때를 신중히 정하라. 기도로 하나님의 지혜를 구하라. 주께서 앞서가셔서 상대의 마음을 준비되게 해달라고 기도하라. 때를 신중히 정하면 후회할 일이 없다.

3) **사랑으로 진실을 말하라**: 소문만 듣고 잘못을 지적해서는 안 된다. 몇 다리 건너서 전해진 간접 정보에 의지해서는 안 된다. 진실을 말하려면 당신의 말에 과장이나 억측이 없어야 한다. 정보를 확인하여 정확한 사실에 근거해야 한다. 증거가 확실하기 전에는 행동에 나서지 말라. 진실을 말하되 사랑으로 하라.

4) **지혜롭게 말하라**: 어떻게 접근할지 구상하라. 솔로몬의 지혜를 적용하면 좋다. "경우에 합당한 말은 아로새긴 은 쟁반에 금 사과니라"(잠 25:11). "슬기로운 자의 책망은 청종하는 귀에 금 고리와 정금 장식이니라"(잠 25:12). 은 쟁반의 금 사과처럼 아름답게 말하라. 나단의 창의적 이야기는 단순하면서도 설득력 있는 수작이다. 얼마나 심사숙고했을지 그 자체가 감동이다. 흘러 넘치지도 않고 과장도 없다. 이야기의 표현도 신중했고 전달 방식도 지혜로웠다.

5) **늘 희망을 제시하라**: "다윗이여, 당신은 용서받았습니

다. 용서받았으니 죽지 않습니다. 당신에게 미래가 있습니다." 나단은 이렇게 은혜의 창을 열었다. 회개한 후의 다윗의 삶을 그려 보였다. 아울러 울기를 두려워하지 말라. 감정을 표현하라. 감정에 휘둘려서는 안 되지만 참된 솔직함은 저항의 벽을 허무는 데 큰 도움이 된다. 당신의 눈물로 인해 상대의 무장이 스르르 해제될 수 있다. 눈물에는 "당신을 사랑합니다. 당신은 내게 참 소중합니다"라는 말이 담겨 있다. 눈물 속에서도 꼭 희망을 제시하라.

6) 결과를 하나님께 맡기라: 나단은 다윗에게 하나님의 메시지를 전한 후 자기 집으로 돌아갔다. 그때부터 결과를 주님께 맡겼다. 당신은 다음 몇 달 동안 상대의 양심 역할을 맡을 필요가 없다. 당분간 상대에게 근신 처분을 내리거나 일거수일투족을 감시할 필요도 없다. 당신의 일은 끝났다. 물론 계속 기도할 수는 있다. 하지만 결과를 주님과 성령께 기꺼이 의탁해야 한다. 그분은 능하신 분이다.

알렉산더 화이트의 예리한 말로 이 장을 마무리한다.

> 나단 같은 설교자만 있다면 설교는 숭고한
> 일이 된다…그의 용기와 기술과 뱀 같은 지혜가

필요하다…목사인 우리는 나단의 방법을 연구해야 한다. 특히 각성하라는 메시지를 전하는 설교를 해야 할 때는 더하다. 사람들의 양심에 가 닿을 수만 있다면 아무리 많은 기술을 사용해도 지나치지 않다. 다윗은 나단에게 검이 있음을 나중에야 알았지만, 나단의 검은 바로 코앞에서 다윗의 양심을 겨누었다. 갑작스러운 일격에 왕은 나단의 발밑에 쓰러졌다. 엉성하고 졸렬하게 건성으로 일하는 우리에게 얼마나 따끔한 질책인가! 이후에 나단과 다윗이 다시 등장할 때는 우리도 다윗의 모든 악을 이미 용서하고 잊은 후다. 애초에 나단이 다윗을 찾아가야 했다는 사실 하나만 빼면, 그날은 다윗의 삶에서 완벽한 하루였다. 당신에게도 오늘이 평생 최고의 날이 될 수 있다. 주님과 선지자의 그 모든 수고를 덜어드리고, 스스로 자신에게 주님과 선지자가 되면 된다. 나단의 비유를 자신에게 읽어주다가 마침내 *"내가 그 사람이라!"*고 고백하면 된다.[2)]

* 제5장 *

# 넘어져 있는데 사람들에게
# 더 발길질을 당한다면?

---

### 비난에 부딪힐 때를 위한 하나님 말씀

이 글을 읽는 지금 이 순간에도 어쩌면 누군가가 당신에게 돌을 던지고 있을지도 모른다. 물리적 돌은 아니겠지만 독설이나 부당하게 비꼬는 비난의 형태로 말의 미사일이 날아들 수 있다. 이번 장에서 당신은 비판적인 사람들을 대하는 최선의 방법을 배울 것이다. 그런데 그 전략이 당신에게 뜻밖일 수 있다. 정말이지 이 방법은 당신이 성장기에 배웠던 내용이 아니다. 가장 친한 친구가 당신에게 조언한 것과도 다르고, 텔레비전이나 영화에 나오는 것과는 더더욱 다르다.

당신이 넘어진 채로 발길질을 당한 적이 있다면 당신만 그런 게 아니다. 우리는 모두 누군가로부터 험담이나 심각한 상처가 되는 말을 들어보았다. 그 말을 누가 했느냐에 따라 어떤 때는 그냥 무시하고 넘어갈 수 있다. 그러나 어떤 때는 고통이 너무 깊어 극복할 자신이 없어진다. 당신이 겪은 그 일은 완전히 부당하다 못 해 잔인하기까지 했다. 상대가 당신의 뒤통수를 쳤거나 악화되는 당신의 고통을 고소해했다. 이런 음해는 그냥 무시한다고 떨쳐지지 않는다.

릭 워렌Rick Warren은 수십 년째 캘리포니아주 남부에 있는 새들백 교회의 목사로 섬겨왔다. 그는 깊이 사랑받는 목사일 뿐 아니라 베스트셀러『목적이 이끄는 삶』(*The Purpose Driven Life*)을 쓴 저자이기도 하다. 나도 오래전부터 릭을 알고 존경해왔다.

릭과 그의 아내 케이는 27세 된 아들 매슈를 자살로 잃는 참척을 겪었다. 이 일로 인해 그 가정이 겪은 고통이란 이루 말할 수 없다. 매슈는 여러 해 동안 우울증을 앓았다. 각 분야의 의료진이 심리 치료와 투약을 병행하여 증세를 완화시키려고 노력했으나 별 효과가 없었다. 결국 병세가 너무 심해져 견딜 수 없게 된 이 청년은 안타깝게도 스스로 목숨을 끊었다.

릭은 저서와 훌륭한 사역으로 인해 전 세계에 알려진 사람이다. 그러다 보니 애석하게도 그를 대적하는 부류도 생겨났다. 대개 더 잘 알려진 사람일수록 그를 편견과 증오에 찬 눈으로 보는 사람도 더 많아진다. 그 참담한 일을 겪던 중에

릭은 트위터에 매우 개인적인 글을 하나 올렸다. 그와 그의 아내가 한없이 깊은 슬픔에 잠겨 있던 무렵이었다. 그의 글에 암시되어 있듯이 이 가정은 이미 넘어져, 비탄과 충격에 빠진 상태에서 잔인한 발길질을 당하고 있었다. 릭이 자신의 고뇌를 표현한 그 몇 마디 말은 이렇다.

> 애도는 힘든 일이다. 공인의 애도는 더 힘들다.
> 여기에 혐오자들이 나의 고통을 고소해하기까지
> 하면 애도가 최고로 힘들어진다.

아마 당신도 그런 고통을 겪어보았을 것이다. 겪은 일은 다르겠지만, 당신도 그 끔찍한 도가니에 빠져본 적이 있을 것이다. 바닥에 쓰러진 것만으로도 힘든데, 남이 당신의 불행을 즐거워하면 고통이 가중된다.

가장 비열한 비난은 아마 실제로 당신이 잘못한 일에 대한 비난일 것이다. 이것이야말로 형언할 수 없는 고통이다! 그 일 자체만으로도 가슴이 찢어질 듯한데, 이에 더하여 당신은 엄청난 죄책감과 괴로운 수치심과도 싸워야 한다. 지난날 영국의 F. B. 마이어 목사가 이런 고난을 내가 아는 누구보다도 잘 묘사했다.

> 가장 쓰라린 자각은 굳이 필요 없는 고생을

사서 했음을 깨달을 때다. 이때의 고난은 자신이 무분별하고 일관성이 없어서 자초한 결과다. 자신이 뿌린 대로 거둔 셈이다. 내 살을 뜯어먹는 독수리가 곧 내가 기른 새끼였던 것이다. 이 얼마나 큰 고통인가![1]

## 죄에는 반드시 결과는 따른다

앞 장에서 살펴보았듯이, 이스라엘의 목자이자 왕인 다윗도 이런 고통을 잘 알았다. 선지자 나단의 솔직하고 예리한 지적 덕분에 다윗은 결국 하늘의 하나님 앞에 엎드려, 자신이 여호와께 죄를 지었음을 인정했다. 이어 그는 진심으로 그분의 은혜로운 용서를 구했다(시 51편 참고).

나단은 왕의 죄가 사해졌음을 즉시 확언했으나 또한 죄의 결과는 그대로 계속되리라는 점도 다윗에게 환기시켰다(삼하 12:10 참고). 그리고 과연 그 말대로 되었다!

줄줄이 이어진 죄의 결과는 단장의 아픔을 자아낸다. 머잖아 다윗의 아들 암논이 이복동생 다말(다윗의 딸)에게 음욕을 품었다. 암논은 속임수로 그녀를 자신의 침실로 꾀어 들여 강간했다. 다말의 친오빠인 압살롬은 그 소식을 듣고 다윗이 암논을 징계하기를 기다렸으나 허사였다. 다윗은 아무런 조치도 취하지 않았다. 아마 그때쯤 왕은 자신의 죄책감에 너무 짓눌려 암논을 처단할 기운이 별로 없었을 것이다. 다윗은 좋은 왕이었으나 아버지로서는 부족했다.

압살롬은 사랑하는 동생 다말에게 변호와 지원을 베풀지 않는 냉담한 아버지를 멸시했다. 결국 그 원한 때문에 그는 부왕을 대적하다가 급기야 왕위를 찬탈하려는 반란까지 주도한다(삼하 15장 참고). 그뿐 아니라 압살롬은 강간당한 동생의 원수를 갚으려고 암논을 살해한다. 어느새 다윗의 한 아들은 살해되었고, 딸은 잔인하게 강간당했으며, 다른 아들은 왕권을 전복시킬 음모를 꾸미고 있었다. 결국 다윗은 왕위를 버리고 부랴부랴 피난길에 올라 걸어서 유대 산지로 향했다(시 11편 참고).

다윗의 생애 중 하필 이 장면을 화폭에 담을 화가는 별로 없을 것이다. 한때 승리의 군주이던 다윗이 굴욕을 당하고 쓰러졌다. 극심한 수모 속에 'KO패'를 당할 지경이었다. 이때가 다윗이 가장 밑바닥에까지 떨어진 시기였다. 그런데 아들의 살벌한 쿠데타를 피하던 그에게 비참한 최후의 일격이 날아든다. 어떤 비열한 사람이 나타나 재판관으로 자처하며, 이미 넘어진 그에게 발길질을 해댄 것이다.

## 적나라하게 기록된 적의 증오

다윗의 생각에 이보다 더 최악의 상황은 없겠다 싶던 바로 그 때 차마 입에 담기 힘든 일이 벌어졌다. 아래의 장면을 천천히 숙독해보라. 읽으면서 다윗의 처지가 되어보라. 그는 물리적 공격과 언어폭력을 당하고 있다.

> 다윗 왕이 바후림에 이르매 거기서 사울의 친족 한 사람이 나오니 게라의 아들이요 이름은 시므이라. 그가 나오면서 계속하여 저주하고 또 다윗과 다윗 왕의 모든 신하들을 향하여 돌을 던지니 그때에 모든 백성과 용사들은 다 왕의 좌우에 있었더라. 시므이가 저주하는 가운데 이와 같이 말하니라. "피를 흘린 자여, 사악한 자여, 가거라, 가거라. 사울의 족속의 모든 피를 여호와께서 네게로 돌리셨도다. 그를 이어서 네가 왕이 되었으나 여호와께서 나라를 네 아들 압살롬의 손에 넘기셨도다. 보라, 너는 피를 흘린 자이므로 화를 자초하였느니라" 하는지라.
> 스루야의 아들 아비새가 왕께 여짜오되 "이 죽은 개가 어찌 내 주 왕을 저주하리이까. 청하건대 내가 건너가서 그의 머리를 베게 하소서" 하니

왕이 이르되 "스루야의 아들들아, 내가 너희와 무슨
상관이 있느냐. 그가 저주하는 것은 여호와께서
그에게 '다윗을 저주하라' 하심이니 '네가 어찌
그리하였느냐' 할 자가 누구겠느냐" 하고
또 다윗이 아비새와 모든 신하들에게 이르되 "내
몸에서 난 아들도 내 생명을 해하려 하거든 하물며
이 베냐민 사람이랴. 여호와께서 그에게 명령하신
것이니 그가 저주하게 버려두라. 혹시 여호와께서
나의 원통함을 감찰하시리니 오늘 그 저주 때문에
여호와께서 선으로 내게 갚아주시리라" 하고
다윗과 그의 추종자들이 길을 갈 때에 시므이는
산비탈로 따라가면서 저주하고 그를 향하여 돌을
던지며 먼지를 날리더라.
왕과 그와 함께 있는 백성들이 다 피곤하여 한 곳에
이르러 거기서 쉬니라(삼하 16:5-14).

시므이가 나타나 다윗에게 저주를 퍼부었다. 그는 왕을 멸시했다. 왜 그랬을까? 사울의 왕위를 다윗이 빼앗았다고 잘못 알고 있었기 때문이다. 그는 또 다윗이 사울의 신하들과 용사들을 죽였다고 믿었다. 하지만 그가 몰랐던 사실이 있다. 사울은 다윗을 함부로 대했으나 다윗은 너그럽게 굳이 복수하지 않았고, 기회가 두 번이나 있었는데도 사울을 죽이지 않았다(삼상 24장, 26장 참고).

다윗은 사울을 대적한 적이 없건만, 시므이는 반대로 알고 있었다. 그래서 화내며 다윗 일행에게 계속 저주를 외쳤다. 이 폭언을 유진 피터슨(Eugene Peterson)은 『메시지』에 생생히 담아냈다.

> 왕이 바후림에 이르자, 사울 집안의 친척 한 사람이 나타났다. 그는 게라의 아들로, 이름은 시므이였다. 그는 따라오면서 큰소리로 다윗과 그의 신하와 군사들에게 욕을 퍼붓고 마구 돌을 던졌다. 그는 저주하며 이렇게 소리쳤다. "이 학살자야, 잔인한 자야, 꺼져 버려라. 사라져 버려라! 네가 사울 집안에 온갖 비열한 짓을 행하고 그의 나라를 빼앗은 것을 하나님께서 이렇게 벌하시는구나. 하나님께서 이 나라를 네 아들 압살롬의 손에 넘겨주셨다. 네 꼴을 보아라. 망했구나! 꼴좋다. 이 딱한 노인네야!"(삼하 16:5-8).

얼마나 모욕적인가! 그러잖아도 다윗의 삶에는 근래에 자신이 저지른 죄가 끔찍한 기억으로 남아 있었다. 그런데 이제 이 사람이 말로 던지는 돌팔매질까지 당해야 한다. 공격은 추했다. 시므이가 다윗에게 내놓은 무고와 위증은 다음과 같다.

- "다윗은 사울 집안의 피를 흘린 죄가 있다."
  거짓이다.
- "다윗은 사울의 왕위를 빼앗았다." 틀렸다.
- "주님이 다윗의 왕위를 압살롬에게 주셨다."
  반대다.

증오에 찬 이 사람의 말은 시종 거짓말의 연속이었다. 우리도 복수심과 증오심에 사로잡혀 있을 때는 사실을 왜곡하기 쉽다. 솔직히 사실 관계는 중요하지 않다. 증오 대상의 삶을 비참하게 만드는 게 더 중요하다. 얼마나 서글픈 일인가. 특히 이미 넘어진 사람을 우리의 잔인한 말로 욕보일 때는 더하다.

이어지는 본문에는 다윗에게 퍼부어진 독설에 대한 두 가지 강경한 반응이 나온다. 우선 다윗의 군사인 아비새가 보인 반응이다. 그는 다윗에게 충성했지만 자신의 두 형제인 아사헬과 요압처럼 난폭하고 충동적인 기질과 비열한 술수로 악명을 떨쳤다. 삼형제가 모두 염소의 구취만큼이나 독했는데 아비새가 특히 더했다. 실제로 아비새는 성경에 "다윗의 용사들"로 지칭된 정예 부대의 일원이었다(삼하 23:8-39). 뼛속까지 충직한 데다 다부진 강골이었다.

그런 아비새의 반응을 보라. "이 죽은 개가 어찌 내 주 왕을 저주하리이까. 청하건대 내가 건너가서 그의 머리를 베게 하소서"(삼하 16:9). 그야말로 뚝심 좋은 사람의 반응이다. 다윗은 고개만 끄덕이면 되었지만 오히려 단호히 물리친다. 그의 관대한 반응은 극명한 대조를 이룬다.

> 왕이 이르되 "스루야의 아들들아, 내가 너희와 무슨 상관이 있느냐. 그가 저주하는 것은 여호와께서 그에게 '다윗을 저주하라' 하심이니 '네가 어찌 그리하였느냐' 할 자가 누구겠느냐" 하고
> 또 다윗이 아비새와 모든 신하들에게 이르되 "내 몸에서 난 아들도 내 생명을 해하려 하거든 하물며 이 베냐민 사람이랴. 여호와께서 그에게 명령하신 것이니 그가 저주하게 버려두라. 혹시 여호와께서 나의 원통함을 감찰하시리니 오늘 그 저주 때문에 여호와께서 선으로 내게 갚아 주시리라" 하고(삼하 16:10-12).

아비새는 틀림없이 경악했을 것이다. 아마 자신의 귀가 믿어지지 않았을 것이다. 그의 DNA에 자제란 존재하지 않았다. 잠시 중요하게 짚어둘 게 있다. 육신의 욕망은 늘 사태를 악화시킨다. 우리의 주관적 정의감이나 자존심, 특히 분노로

반응하면 좋은 결과가 나오지 않는다. 아비새의 충동적 반응은 육신의 욕망에서 비롯되었다. 아비새 같은 사람을 우리도 알고 있다. 누군가가 당신의 삶을 비참하게 만들어 당신이 곤경에 처했을 때, 아비새 같은 사람들은 날카로운 언어의 칼을 쥐고 당신을 변호한답시고 신나게 휘두른다. 그러면 기분은 후련할지 모르지만 썩 지혜로운 방책은 아니다. 그들의 그런 사고방식이 주님의 뜻에 민감하지 못하기 때문이다. 그들은 수평적 관점에서 행동하여 성급히 분노로 반응한다. 복수심에 극단으로 치닫지만 그럴수록 문제가 더 악화될 뿐이다.

상처받아 마음이 약해져 있을 때면 당신도 그들의 말대로 하고 싶어질 것이다. 내 경험을 바탕으로 권하건대, 그 유혹을 물리치라. 그러면 후회할 일이 없다. 반대로 다윗의 훌륭한 반응을 본받으라. 그는 이 모든 일이 주님의 손안에 있으며, 자신에게 평생의 값진 교훈을 가르치시려는 하나님의 주권적 섭리임을 알았다. 그래서 복수는커녕 옳은 길을 택했다. 여기서 잠시 멈추어 다윗의 반응에 나타난 몇 가지 원리에 주목해보자.

- 다윗은 폭력적 복수라면 무조건 하지 말라고 금했다: 우리도 배워서 똑같이 해야 한다. 성경에 우리가 잊어서는 안 될 중요한 말씀이 있다. "원수 갚는 것이 내게 있으

니 내가 갚으리라고 주께서 말씀하시니라"(롬 12:19). 원수에게 보복하는 것은 우리 신자의 몫이 아니라 하나님의 일이다. 그분의 때 그분의 기준과 방식대로 그분이 하신다. 대다수 사람은 받은 대로 돌려주어 앙갚음하라고 조언하지만, 이는 하나님의 백성이 따를 하나님의 방법이 아니다.

- 다윗은 의도는 좋았지만 경솔했던 동지에게 하나님의 주권을 환기시켰다: 하나님은 거의 주권적이신 분이 아니라 절대 주권자시다. 아무리 극악무도한 불의도 그분이 다스리신다는 뜻이다.
- 다윗은 악의적 공격에 맞서 자신을 방어하지 않았다: 물론 날쌔고 매섭게 반격할 수도 있었다. 다윗도 노련한 용사인지라 눈 깜짝할 사이에 적의 머리를 벨 수도 있었다. 그런데도 그는 옳은 길을 택했다.
- 하나님은 항상 완전히 정의로우시므로 다윗은 정의를 그분의 손에 맡겼다: 하나님의 시간표는 대개 우리와 크게 다르다. 하지만 그분은 무심하거나 운전대에서 잠들어 계시지 않는다. 때가 되면 행동하시되 정의롭게 하신다.

어쩌면 누군가가 넘어진 당신에게 발길질을 하고 있고, 당신은 혼자인 것 같은 느낌이 들어 힘들어하고 있을지도 모른다. 현재 당신이 그런 상태라면 확언컨대, 하나님은 아무것도 놓치지 않으신다! 그분은 부재하거나 무지하신 분이 아니다. 마냥 침묵하시는 것 같고 멀게 느껴질 때도 있지만(욥에게 물어보라!) 사실은 절대로 그렇지 않다.

그 상황에서 다윗은 나무랄 데 없는 성품으로 놀랍도록 올곧게 반응했다. 요컨대 주님께 맡긴 것이다. 그래도 비난은 계속되었다. 시므이는 꽤 멀리까지 따라오며 끈질기게 다윗을 맹비난했다. 성경에 "왕과 그와 함께 있는 백성들이 다 피곤하여"(삼하 16:14)라고 했을 정도다. 매몰찬 공격은 사람의 진을 빼놓는다.

## 살펴볼 만한 냉정한 분석

당신이 근거 없는 부당한 비난과 싸우고 있다면 틀림없이 피곤할 것이다. 물론 억울한 일이다. 그러나 때가 되면 주님이 개입하여 떠맡으신다. 그래서 다윗이 삶에서 부당한 대우를 견딘 이 이야기는 우리에게 매우 소중하다. 우리는 다윗의 힘든 시련에서 두 가지 만고의 교훈을 얻을 수 있다. 시대를 초월하는 교훈인 만큼 우리의 삶에도 그대로 적용된다.

성공하면 교만해질 수 있으나
오히려 계속 겸손할 수도 있다

우리는 다 후자를 택해야 한다. 다윗의 권력이 얼마나 막강했던가? 그는 그 나라 최강의 권력자였다. 또 얼마나 유명했던가? 이스라엘에 그의 이름을 모르는 사람이 없었다. 누구나 다윗 왕을 알았다. 그의 이름을 따 예루살렘을 다윗 성이라고 부르기까지 했다. 오늘날에도 이스라엘 민족은 다윗 왕을 알고 추앙한다. 이스라엘 국기의 문양은 다윗의 별로 불린다. 사람이 그 정도로 유명해지면 원치 않아도 많은 주목을 받기 마련이다. 명사들을 쫓아다니는 파파라치를 생각해보라. 유명한 배우나 운동선수는 산책을 나가거나 스타벅스에만 가도 프라이버시를 완전히 침해당한다. 가족끼리 오붓한 휴가도 즐길 수 없다. 아기를 데리고 좀 걸을라치면 무례한 사진 기자 여러 명이 귀찮게 쫓아다니며 카메라 플래시를 터뜨려댄다. 그들에게 화를 내는 유명 인사를 보며 우리는 "사진 기자한테 좀 친절하면 안 되나?"라고 말할지도 모른다. 그러나 한 번이라도 명사의 입장에 돼보았는가? 그들의 입장도 헤아려주어야 한다. 그 정도까지 유명해지면 사람이 비열해질 수 있다. 하지만 다윗처럼 오히려 겸손해질 수도 있다.

조지 휫필드George Whitefield는 18세기의 유명한 전도자였다. J. 오스왈드 샌더스J. Oswald Sanders는 『영적 지도력』(Spirtual Leadership)에 이렇게 썼다. "조지 휫필드는 굉장히 인기가 좋았고 초기에는 박수 받기를 즐겼다. 무시당하면 죽을 맛이었고, 비웃음을 사면 죽음보다 더했다고 회고했다."[2] 유명한 사람은 식사 한 끼도 방해받지 않고 하기가 힘들다. 휫필드도 그 모든 상황에 진력이 났다. 그래서 저명한 세계적 전도자로 보람된 사역을 마친 후 생애 말년에 이렇게 말했다. "인기라면 겪을 만큼 겪어봐서 이제 신물이 난다."[3] 유명세가 만만치 않음을 잘 일깨워주는 말이다.

찰스 스펄전Charles H. Spurgeon도 비슷한 심정을 토로했다. "성공하면 자만하게 될 수 있다. 일하시는 분이 하나님임을 망각한다면 나도 어쩔 수 없다…그분은 언제라도 '내 주제를 알게 하시고' 다른 방법으로 일하실 수 있다."[4]

모두 겸손이 물씬 풍겨나는 고백이다. 다윗도 자신에 대해 똑같이 말한 셈이다. 마음이 겸손한 사람은 맞서 싸우지 않고, 삶의 모든 사건에서 배울 줄 안다. 좋은 일, 궂은일, 심지어 악한 일에서도 말이다.

발길질을 당하면 무력해질 수 있으나
오히려 분발할 수도 있다

발길질을 당하면 포기하고 싶은 게 인지상정이다. 주목할 만한 점은 다윗이 시므이의 모욕 때문에 다 그만두거나 사명을 벗어나지 않았다는 것이다. 원수 갚는 일은 주님께 다 맡기고 그는 갈 길을 계속 갔다.

신랄한 비난, 시기하는 말, 부당한 공격 등의 쓰라린 상처라면 우리도 다 당해보았다. 그런데 설상가상으로 우리는 그런 공격 때문에 전진을 중단한 적이 있다. 되돌아보면 내 삶에도 몇 번 그랬던 기억이 선하다. 한번은 내가 섬기고 있던 교회의 제직 회장이 선봉장으로 나서서 나를 대적했다. 그는 내가 제안하는 사역의 변화라면 무조건 다 부결시키기로 작정한 사람이었다. 사사건건 나를 방해하면서 말로 겁을 주려 했고, 어떨 때는 몸으로 위협했다(몸집이 우람한 사람이었다!). 그의 지독한 비난과 훼방 때문에 때로 나는 지치고 낙심하여 당장이라도 그만두고 싶었다. 그러나 하나님은 신실하셨다. 그분은 내 곁을 지키시며, 은혜와 자비로 나를 도와 전진하게 하셨다. 나는 단순히 그 사람을 주님의 손에 맡기고 계속 나아가는 법을 배웠다.

영적으로 무력해져서는 누구에게도 도움이 되지 않는다. 우리도 다윗처럼 결과를 하나님께 맡기면 상심이 희망으로 변할 수 있다. 그러므로 넘어진 당신에게 어떤 시므이가 발길질을 하거든 다윗을 생각하며 위로를 얻으라. 절대 삶을 방기해서는 안 된다! 이럴 때일수록 당신이 여전히 필요한 존재임을 기억해야 한다. 당신은 여전히 제 몫을 감당하고 있다. 가족과 배우자에게는 당신이 필요하다. 당신의 목사와 하나님의 사람들에게도 일편단심 매진하는 당신이 필요하다.

내 친구 데이비드 로퍼David Roper는 훌륭한 책 『서로 짐을 지라』(A Burden Shared)에서 낙심이 목사와 사역 지도자에게 미치는 악영향을 이렇게 기술했다.

> 나는 사역을 그만둔 내 친구들의 곤경을 종종 생각한다. 그만둔 이유는 하나님이 부르셔서가 아니라 사람들의 비판 때문이었다. 회중의 입에서 분출되는 비난이 산성비처럼 쏟아져 그들의 섬기려는 의지를 부식시킨다. 왜 포기하게 됐는지 이해할 수 있다. 그들을 생각하면 슬퍼진다…
> 어떨 때는 비판이 부당하다. 우리를 세운 사람들이 우리에게 비현실적인 기대를 품는 것이다. 그들은 우리도 용서가 필요한 실패자임을 모른다. 그런가 하면 문제의 책임을 우리에게 떠넘기려고 사사로이 도끼날을 가는 경우도 있다. 또는 교회의 실세로서, 우리의 리더십에 반기를 들 수도 있다. 자신들이 더 나아 보이려고 우리를 비난하는 것이다.[5]

이어 로퍼는 부당한 비판을 다음과 같이 정리했는데, 나는 이 대목을 30번도 더 읽은 것 같다.

- 비판은 늘 가장 필요 없을 때 온다.
- 비판은 가장 부당할 때 오는 것 같다.
- 비판은 가장 비판할 자격이 없는 사람들에게서 온다.
- 비판은 가장 무익한 형태로 올 때가 많다.[6]

당신은 공격당할 때 무력해질 수도 있고, 반대로 여정에 박차를 가할 수도 있다. 다윗은 오히려 분발했고 부하들을 이끌어 자신을 본받게 했다. 그들 일행은 '계속 길을 갔다.' 우리도 똑같이 하자. 당신도 근거 없는 비난에 경건하게 대응하고 싶다면, 여기 그 실제적 방법을 네 가지로 제안한다.

1) **하나님께 당신의 가죽이 더 두꺼워지게 해달라고 기도하라**: 이것은 사역 지도자가 되려는 사람에게 특히 요긴한 기도다. 가시로 뒤덮인 지역을 등산해본 적이 있는가? 아마 슬리퍼를 신고 가지는 않았을 것이다. 제일 두껍고 밑창이 질긴 등산화를 신었을 것이다. 그래도 밑창을 뚫는 가시가 있다. 가시 돋친 사람들을 상대할 때는 가죽이 두꺼워야 한다. 세상에는 가시 돋친 사람들이 지천으로 널려 있다(특히 사역의 세계에는 더하다!).

50년 넘게 사역하는 동안 내게 큰 도움이 되어준 이

구절을 묵상해보라. "주의 법을 사랑하는 자에게는 큰 평안이 있으니 그들에게 장애물이 없으리이다"(시 119:165). 다시 말해서 그들은 가죽이 두껍다. 자신의 삶과 성품과 평판을 주님께 의탁하는 사람은 밤에 단잠을 잔다. 여간해서 걸려 넘어지지도 않고, 쩨쩨한 비판 때문에 속을 태우지도 않는다. 그런 말을 들어도 그냥 무시하고 넘어간다. 평소에 힘써 하나님의 말씀을 읽고 묵상하면 신앙이 깊어질 뿐 아니라 가죽도 두꺼워진다!

2) 하나님이 보이지 않고 침묵하실 때조차도 다 알고 계시며 개입하고 계심을 잊지 말라: 다윗이 부하들에게 확신을 주었듯이, 주님은 고난당하는 그들과 함께 계셨다. 시련을 겪고 있는 당신에게도 마찬가지로 하실 것이다. 이 사실을 믿고 주님의 임재를 민감하게 의식해야 한다. 공격당할 때는 그것을 잊기 쉽다. 하지만 기억하라. 하나님은 연중무휴 매 순간 개입하고 계신다.

3) 사태를 바로잡아주실 하나님의 은혜에 의지하라: 혹시 주님이 사태를 보시고 우리를 완전히 해방해주실지도 모른다. 다윗의 말을 기억하는가? "혹시 여호와께서 나의 원통함을 감찰하시리니 오늘 그 저주 때문에 여호와께서 선으로 내게 갚아주시리라"(삼하 16:12). 내 표현으로 이는 '은혜의 사고방식'이다. 시므이 같은 사람

들을 상대할 때는 하나님의 은혜에 의지하라.
4) 하나님의 자비 안에 안식하며 위로를 얻으라: 하나님은 고달픈 인생에게 자비를 베푸신다. 힘을 빼고 편안히 앉아 그분의 자비 안에 안식하라. 성경에 시은좌(施恩座)라는 표현이 나오는데 직역하면 '자비의 자리'다(출 25:22 참고). 거기서 우리는 하나님을 만날 수 있다!

오래전에 나의 형 오빌Orville이 힘들고 괴로운 시기를 지나고 있었다. 자세한 내용은 기억나지 않지만, 그때 형은 울었다. 형이 걸어서 우리 집으로 건너와 피아노 앞에 앉아서 나를 보며 말했다. "찰스, 아주 오래된 찬송가 하나를 치고 싶구나. 너는 들어본 적이 없을지도 몰라(정말 처음 듣는 노래였다). 그래도 여러 번 들으면 함께 부를 수 있을 거야." 그래서 우리는 함께 찬송을 불렀다. 요즘은 거의 불리지 않는 노래지만, 나는 그날 배운 그 옛 찬송을 지금도 아주 좋아한다.

> 목마른 자들아, 다 이리 오라.
> 이곳에 좋은 샘 흐르도다.
> 힘쓰고 애씀이 없을지라도
> 이 샘에 오면 다 마시겠네.[7]

가사가 참 좋지 않은가? 하늘이 치유할 수 없는 땅의 슬

폼은 없다(위 찬양 원문의 마지막 행 "Earth has no sorrow that heaven cannot heal"을 그대로 쓴 문장—역주). 다윗처럼 우리도 앉아서 안식할 수 있다. 하나님의 자비로 치유받을 수 있다.

당신이나 당신 가족의 미래가 어떻게 될지 나는 모른다. 그러나 이 악한 세상에서 번번이 시므이와 마주치리라는 것만은 분명하다. 그런 사람은 얼마든지 많이 있으며, 대개 당신이 넘어져 있을 때 나타난다. 그런 상황에서 견뎌내려면 주님의 자비가 필요하다. 감사하게도 자비는 그리스도 안에서 우리에게 무제한으로 공급된다. 우리의 삶과 미래를 오직 그분께 의탁하면 자비를 한없이 받아 누릴 수 있다.

> 힘쓰고 애씀이
> 없을지라도
> 이 샘에 오면 다 마시겠네.

\* 제6장 \*

# 다시 일어설
# 기회가 필요하다면?

### 실패했을 때를 위한 하나님 말씀

우리 삶에는 재기의 기회가 두루 필요하다. 우리는 부족하고 허점이 많은 인간인지라 수시로 실족하며, 어떨 때는 완전히 나자빠진다. 한두 번이 아니라 자주 다시 시작해야 한다. 무슨 일이든 우리는 여간해서 단번에 잘하지 못한다. 그러나 마음 같아서는 제대로 하고 싶다. 처음부터 쭉 제대로 하면 오죽 좋으랴만, 그러려면 초인이 되어야 한다. 재기의 기회가 필요하니까 인간이다. 원래 어렸을 때부터 그랬다.

## 누구나 다시 일어설 기회가 필요하다

아기 때부터 우리는 실패하면서 배운다. 컵에 든 우유를 흘리지 않고 먹는 법을 배우던 때가 기억나는가? 나의 아버지는 "우리 가족이 한 끼라도 우유를 흘리지 않고 먹으면 대성공의 날이 될 것이다"라고 말씀하시곤 했다. 엎지른 데를 치우고, 용서받고 다시 시도하면서 우리는 배웠다. 걸음마를 배울 때도 비틀비틀 넘어졌다. 자전거를 배울 때도 똑같아서 처음에는 보조 바퀴를 달고도 뒤뚱거렸고, 나중에 보조 바퀴를 뗐을 때도 장애물을 들이받았다. 그래도 날마다 타는 사이에 마침내 몸에 익었다. 시행착오 기간을 거쳐서야 드디어 균형을 잃지 않고 탈 수 있게 된 것이다.

    재기의 기회 중에서도 성격상 더 심각한 부류가 있다. 예컨대 우리는 거짓말을 했다가 들통나서 대가를 치른다. 고생하고 나서야 진실이 언제나 더 나은 길임을 깨우치는 것이다. 다시 시도하지 않고는 절대 새로운 기술을 다듬거나 숙달할 수 없다. 또한 남편과 아내가 서로 재기의 기회를 주지 않는다면, 어떤 부부 관계도 살아남을 수 없다. 우리의 거의 모든 학습은 실수를 통해 이루어진다.

    나는 할아버지의 1939년산 포드 자동차로 운전을 배웠는데, 그전에 먼저 트랙터로 시작해야 했다. 그 트랙터는 우리 가족이 휴가를 가던, 물가에 있는 작은 오두막 뒤에 있었다. 결국 할아버지는 내게 운전대를 맡길 준비가 되었다고 보았으나, 곧 생각보다 쉽지 않은 과정임을 깨달으셨다. 사실 나는 운전을 곧잘 했다. 그런데 할아버지가 "좋다, 찰스. 이번에는 차를 차고에 넣어보자"라고 말씀하셨다. 차고 입구는 내가 운전하고 있는 소형차의 폭보다 좁아 보였다. 우지직 소리와 함께 앞쪽 흙받기가 흉하게 찌그러졌다! 지금도 그때가 잊히지 않는다. 내가 울음을 터뜨리자 할아버지는 "얘야, 괜찮다…. 그냥 후진하거라. 다시 해보자"라고 말씀하셨다.

"죄송해요, 할아버지."

내 말에 할아버지는 내 어깨에 손을 얹고 대답했다. "얘야, 너 그거 아니? 흙받기야 또 사면 되지만, 너 같은 손자는 또 없단다. 그냥 다시 하면 돼."

평생 잊지 못할 학습 경험이었다. 할아버지는 내게 재기의 기회를 주셨다.

대중 연설의 기술을 익히고 싶을 때도 우리는 처음에 망쳤다가 다시 한다. 계속 몇 번이고 더 시도한다. 그러면서 점점 감이 잡힌다. 실력은 그렇게 연마되는 법이다. 악기 연주나 가창력 늘리기나 블로그 글쓰기도 마찬가지다. 스포츠 기량을 기를 때도 우리는 자꾸 틀리면서 코치의 도움으로 점점 더 나아진다. 그러려면 끝까지 포기하지 말아야 한다. 실패해도 재기의 기회를 살려야 한다. 살다 보면 그런 결정적 고비가 얼마든지 많이 있다.

소명과 직업도 마찬가지다. 리더십을 배우려면 재기의 기회가 주어져야 한다. 그런 식으로 우리는 좋은 의사나 좋은 변호사나 좋은 직업인이 되며, 인내심이 많은 부모가 되려면 더더욱 재기의 기회가 많아야 한다. 시간이 가면서 당신은 자상하고 사랑이 많은 어머니나 아버지가 되는 법을 배운다. 시도하고 실패하고, 또 시도하면서 배운다. 그러려면 인생길을 가는 내내 기꺼이 당신에게 재기의 기회라는 은혜를 베풀어줄 사람들이 필요하다.

## 삶에 자비가 임하는 자리

재기의 기회란 사실 용서를 베푼다는 뜻이다. 때로 상대의 맹점을 파악해야 할 때가 있다. 또는 상대의 시각에 오류가 있어 슬쩍 일러주거나 따로 지적해주어야 할 필요가 있다. 용서하는 마음은 이럴 때 일단 상대를 믿고 들어간다.

우리도 자신의 오류를 보지 못할 때가 있다. 그럴 때는 상대측에서 우리에게 재기의 기회를 주어야 한다. 아래에 등장하는 목사도 그런 경우였다. 그는 자신의 약한 모습까지도 내보이며 이렇게 진실을 토로했다.

*나는 분노가 많은 사람이었다. 문제는 내가 내*

분노를 몰랐다는 것이다. 나보다 나를 정확히 아는 사람은 없다고 생각했는데, 내가 아는 나에게 분노란 없었다. 그렇다고 나 자신이 완전하다고 생각한 것은 아니며, 남의 도움이 필요함도 알았다. 그런데 마치 아무런 도움이 필요 없는 것처럼 살았다. 다행히 사랑하는 아내 루엘라가 오랜 기간에 걸쳐 아주 신실하게 내 분노를 지적해주었다. 그럴 때 아내의 태도에는 단호함과 은혜가 조화를 이루었다. 아내는 나에게 소리를 지르거나 욕하거나 아이들 앞에서 비난한 적이 없다. 다만 내 분노가 절대 정당화되거나 용납될 수 없음을 거듭 알려주었다. 돌아보면 그 아찔했던 시절에 아내가 보여준 성품에 절로 감탄한다.[1]

누구나 주변에 이렇게 기꺼이 우리를 도와줄 사람들이 필요하다. 그들 덕분에 우리는 실상을 보고 용서받은 뒤 다음 단계로 넘어갈 수 있다. 목표는 발전과 성장이다.

반면에 상대가 일부러 잘못을 저지르면서 변화를 거부할 때가 있다. 이럴 때는 재기의 기회를 주는 문제가 복잡해진다. 그런 상황에서는 결혼 생활을 유지하기가 정말 만만치 않으며, 성인 자녀나 까다로운 직장 동료나 고용주를 마냥 이해하고 용서하기도 쉽지 않다. 그런가 하면 혹시라도 당신 쪽에서 주변 사람들의 삶을 일부러 비참하게 만들고 있을 수도 있다.

이럴 때일수록 실패의 선용이 중요해진다. 실패야말로 삶에 자비와 은혜가 임하는 자리이기 때문이다. 감사하게도 하나님의 말씀에 우리에게 도움이 될 실존 인물의 사례가 나온다. 그는 실패했다가 재기한 사람이다. 이 또한 성경 이야기 속에서 우리 자신을 대면할 수밖에 없는 그런 장면에 해당한다.

## 1세기 교회의 예

재기의 기회를 보여주는 신약의 대표적 이야기에는 사도 바울, 그의 길동무 바나바, 사역 수습생인 젊은 요한 마가가 등장한다. 사도행전 13장에 보면 안디옥이라는 곳에서 시작된 교회가 나온다. 이 신생 교회는 성장을 거듭하여 신앙 지도자들을 선교사로 파송하기에 이르렀다.

> 안디옥 교회에 선지자들과 교사들이 있으니 곧 바나바와 니게르라 하는 시므온과 구레네 사람 루기오와 분봉 왕 헤롯의 젖동생 마나엔과 및 사울이라. 주를 섬겨 금식할 때에 성령이 이르시되

"내가 불러 시키는 일을 위하여 바나바와 사울을
따로 세우라" 하시니(행 13:1-2).

우선 이 흥미로운 상황은 세 가지 중요한 결정에서 비롯되었다.

- 하나님의 영이 바나바와 사울을 따로 세워 특별한 일을 맡기셨다(행 13:2 참고). 그들은 1차 선교여행을 떠나야 했다.
- 안디옥 교회는 금식하며 기도한 뒤 이 두 사람을 축복하며 보냈다(행 13:3 참고).
- 바나바와 사울(즉 바울)은 요한 마가라는 청년을 데려가기로 했다(행 13:5 참고).

메시지는 분명했다. 하나님이 뜻하신 바가 있어, 이 두 사람을 여태 그리스도의 진리를 들어보지 못한 지역으로 보내기로 하셨다. 그들은 하나님께 받은 이 사명을 수행해야 했다. 안디옥 교회는 한창 번성하고 있었다. 그때 성령이 예배 중에 교회에 이르시기를, 이방인에게 복음을 전하는 사명에 착수하도록 바나바와 사울을 따로 세우라고 지시하셨다. 이 건강하고 활기찬 교회에서 사역 지도자 다섯 명 중 둘이 구별되어 파송되었다. 그들은 지혜를 모아 여행을 계획한 뒤 짐을 꾸려 배를 타고 키프로스(구브로)섬으로 떠났다.

그런데 5절 끝에 보면 떠나기 전에 "요한을 수행원으로 두었더라"고 했다. 여기 "수행원"으로 번역된 헬라어 원어는 앞서 3장에 살펴본 '노예'나 '종'과 똑같은 단어로, 직역하면 '아래의 노꾼'이다. 배의 갑판 아래서 사슬로 기둥에 묶인 채 파도에 맞서 힘껏 노를 젓던 노예의 모습을 연상시키는 단어다. 요한 마가는 노꾼으로서 두 사람을 수행했다. 하나님이 그를 함께 보내신 이유가 그것이다. 그의 역할은 '갑판 아래서', 즉 막후에서 두 사람을 보좌하는 것이었다.

### 중간에 포기한 사람

요한 마가는 예루살렘에 주택을 소유한 마리아라는 여자의 아들이었다. 새 교회는 마리아의 집에서 모였고, 요한 마가는 거기서 신자들의 건전한 가르침을 받으며 자랐다. 당시에는 그리스도를 공공연히 예배하는 것이 불법이었으므로, 교회 모임은 가정에서 이루어졌다. 마리아의 집은 그리스도인들이 따뜻한 교제와 알차고 좋은 가르침을 나누는 장소로 안성맞춤이었고, 요한 마가는 그런 환경 속에서 성장했다(행 12:12 참고).

성령님이 바나바와 바울을 세워 안디옥 교회의 대표로 선교 사역을 시작하게 하셨다. 이때 바나바의 생질이기도 한 요한 마가도 함께 여행을 떠났다(골 4:10 참고). 일행은 바나바의 고향인 키프로스로 가서 그 지역에 있던 유대인의 여러 회당에서 하나님의 말씀을 전하고 가르쳤다(행 13:5 참고). 이어 그들은 배를 타고 북향하여 험한 해안 지대에 자리한 밤빌리아 지역과 버가성으로 갔다. 각종 질병이 창궐하던 지역이었다. 실제로 모기가 병균을 퍼뜨리는 일도 드물지 않았다. 취약한 사람들 사이에 말라리아 같은 무서운 병이 빠른 속도로 퍼졌다.

어쩌면 버가에서 셋 중 하나가 병치레를 심하게 했다. 확실하지는 않지만, "육체에 가시"를 주셨다고 표현한 바울의 고질병이 거기서 시작됐는지도 모른다. 그래도 그들은 위험한 악조건을 견디며 사역에 임했다. 당연히 젊은 요한 마가도 이 열악한 환경 속에 함께 있었다. 그런데 아직 도전은 시작 단계에 불과했고, 전방에 토로스산맥의 험산 준령이 놓여 있었다. 현재의 터키 남부에 뻗은 이 산지를 중심으로, 터키 남부의 지중해 해안 지역과 아나톨리아고원이 갈라진다. 산 너머의 이방인을 찾아가고자 모든 물품을 지고, 그 산맥을 올라야 했으니 그야말로 앞길이 캄캄했다.

성경에 보면, 앞에 험한 산이 버티고 선 바로 앞에서 "요한은 그들에게서 떠나[갔다]"(행 13:13). 직역하면 작정하고 '철수했다.' 어떻게 떠났는지는 알 수 없다. 계속 가자니 두려운데, 너무 창피해서 말도 못 하고 그냥 야반도주했는지도 모른다. 그래서 그의 침낭이 비어 있었는지도 모른다. 어쨌든 바나바와 바울이 이튿날 아침에 깨어보니 요한 마가가 없었다. 예루살렘으로 돌아가기로 한 그의 결정은 즉흥적이었던 것 같다.

초대교회의 교부 크리소스토무스는 중도 포기한 요한 마가에 대해 "아직 어려서 어머니가 그리웠던 모양"[2]이라고 추측했다. 물론 그 이유는 아무도 모른다. 어쨌든 그의 급작스러운 이탈은 남은 두 사람의 부담을 가중했다. 이제 둘만의 힘으로 밤빌리아의 위압적인 산맥에 용감히 맞서야 했다. 요한 마가는 물리적 짐의 운반을 거들었었다. 셋이서 그렇게 멀리까지 가려면 꼭 필요한 물품만도 상당했다. 수시로 비바람을 맞아야 하는 힘든 여정이었고, 선실이 비좁은 상선도 빼놓을 수 없는 교통수단이었을 것이다. 아무래도 끼니와 식수의 양이 엄격히 제한되었을 것이고, 도중에 병에 걸리거나 열이 난 적도 많았을 것이다. 어쩌면 이 모두가 쌓여서 결국 요한 마가는 중압감에 무너졌는지도 모른다. 이유야 어찌 됐든 그는 자신의 도움이 필요한 두 사람을 버렸다.

흥미롭게도 나머지 1차 선교여행의 기록에 요한 마가의 이름이 다시는 언급되지 않는다. 신참이었던 조카가 사명의 결정적 순간에 무너졌으니 어쩌면 바나바가 면목이 없었을 수도 있다. 혹시 요한 마가가 바나바에게 뭔가를 말했는데 바나바가 그 말을 바울에게 전하고 싶지 않았을지 누가 알겠는가? 물론 이 모든 것은 추측일 뿐이다. 성경에는 어떤 것도 기록되어 있지 않다.

이때쯤에는 바울이 선교여행의 대표 격이었다. 성경의 표현이 더는 '바나바와 바울'이 아니라 '바울과 바나바' 또는 '바울과 동행하는 사람들'로 바뀌어 있다. 분명히 그가 지도자였다. 지도자가 바뀌어서 요한 마가가 힘들어하지는 않았을까? 처음에 합류할 때는 삼촌이 지도자인 줄로 알았는데 사정이 달라졌다. 그래서 그는 그들을 버리고 철수했다. 그래도 여정은 계속되었다. 바울과 바나바는 끝까지 인내하여 사명을 완수하고, 나중에 예루살렘 공의회에 참석했다(행 15:2-4 참고).

## 안디옥으로 돌아오다

안디옥에 돌아온 두 사람은 그동안 있었던 모든 일을 교회에 보고했다. 아울러 그들은 교리 문제의 해결에도 동참했는데, 주제는 할례에 대한 잘못된 가르침이었다. 사안이 중대한지라 바울과 바나바가 안디옥에서 다시 보냄을 받아, 이번에는 예루살렘으로 가서 문제를 매듭지었다(행 15:4-30 참고).

결국 갈등은 해결되었지만, 사도 바울은 첫 선교여행 때 회심한 이방인 새 신자들의 안부가 걱정되었다. 사도행전의 저자 누가는 바울이 바나바에게 한 말을 이렇게 담아냈다. "우리가 주의 말씀을 전한 각 성으로 다시 가서 형제들이 어떠한가 방문하자"(행 15:36).

이어 본문에서 추가적으로 설명하는 세부 사항이 있다. "바나바는 마가라 하는 요한도 데리고 가고자 하나"(행 15:37). 그러자 격한 충돌이 뒤따른다. 계속 읽어보라. "바울은 밤빌리아에서 자기들을 떠나 함께 일하러 가지 아니한 자를 데리고 가는 것이 옳지 않다 하여 서로 심히 다투어 피차 갈라서니"(행 15:38-39).

요한 마가를 향한 양쪽의 대조적인 태도가 주목할 만하다. 바나바는 요한 마가에게 재기의 기회가 필요하다고 보았다. 삶도 사역도 그런 식으로 이루어지지 않던가? 그러나 바울은 다시 기회를 주자는 말을 받아들일 수 없었다.

그 결과 충돌이 일어나 둘은 심히 흥분해서 다투기에 이르렀다. 누가가 본문에 쓴 헬라어 단어에는 '반론의 폭발'이라는 어감이 들어 있다. 요한 마가를 데려가려는 바나바에게 바울이 그렇게 반응한 것이다. 바울의 반응도 이해할 만하다. 사실 우리도 대부분 이렇게 말할 것이다. "안 됩니다! 중도 이탈자를 데려가다니 어림도 없습니다. 그는 첫 여행 때 우리에게 큰 실망을 안겼습니다. 우리를 또 저버릴 사람이라 믿을 수 없습니다. 절대 그를 데려갈 수 없습니다!"

하지만 바나바도 굽히지 않았다. 누가는 이렇게 썼다.

"바나바는 [2차 여행을 가자는 말에 동의하면서] 마가라 하는 요한도 데리고 가고자 하나"(행 15:37). 요한 마가를 데리고 가고자 했다는 말에 쓰인 동사 시제는 지속적 행동을 나타낸다. 다시 말해서 바나바는 '계속 고집했다.' 그는 요한 마가에게 동정적이었고 재기의 기회를 주고 싶었다. 반면에 바울은 딱 잘라서 거부했다. 그런 일은 있을 수 없다는 것이었다!

주님의 인도하심에 따르려는 두 사람 사이에 어떻게 이런 다툼이 있을 수 있을까? 잠시 멈추어 생각해보라. 모든 논쟁에는 대개 두 가지 관점이 있다. 하나는 객관적이고, 하나는 주관적이다. 하나는 감정과 사람에 집중하고, 하나는 원칙과 일에 집중하는데, 바나바는 전자고 바울은 후자다. 상반되는 두 반응이 둘의 성격에 잘 들어맞는다. 바나바는 이해심과 긍휼함이 많은 사람이었다. 바울도 나중에 긍휼을 더 배우기는 했지만, 사역 초기에는 의지가 강해서 굽힐 줄을 몰랐다.

게다가 바울은 신앙 연륜도 더 짧았다. 사역 중에 자신을 실망하게 한 사람을 다시 받아줄 마음이 조금도 없었다. 복된 바나바는 어떻게든 요한 마가에게 재기의 기회를 주려고 했다. 그런데 바울이 "그것만은 절대로 안 됩니다"라고 되받은 셈이다. 실제로 성경에 이렇게 기록되어 있다. "바울은 밤빌리아에서 자기들을 떠나 함께 일하러 가지 아니한 자를 데리고 가는 것이 옳지 않다 하여"(행 15:38).

6. 다시 일어설 기회가 필요하다면?

여기 "떠나"로 번역된 헬라어 동사 '아피스테미'(aphistemi)는 원래 '멀찍이 피하다'라는 뜻이다. 의미가 강한 단어이며 격한 감정이 서려 있다. '배교하다, 이탈하다, 변절하다'로도 번역될 수 있는 강경한 표현이다. 요한 마가가 후속 선교에 동행하는 데 대한 바울의 맹렬한 반감이 이 단어 속에 드러나 있다.

바울은 분명히 요한 마가의 실패 쪽을 뒤돌아본 반면, 바나바는 그의 잠재력을 내다보았다. 차이가 보이는가? 한 작가는 두 선교사 사이에 오갔을 수 있는 가상의 대화를 이렇게 기술했다.

> 바울: 요한 마가라고요? 데려갈 수 없습니다. 그는 저번에 우리에게 큰 실망을 안겨주었습니다.
> 바나바: 하지만 그건 저번에 있었던 일입니다.
> 바울: 아마 다시 실망하게 할 겁니다. 그는 중도 이탈자이니까요.
> 바나바: 그도 그동안 충분히 반성했습니다. 우리가 다시 기회를 주어야 합니다(바로 재기의 기회다!). 그는 장차 훌륭한 선교사가 될 사람입니다.
> 바울: 바나바, 솔직히 그가 당신의 생질이라서 데려가려는 거 아닙니까?

바나바: 그건 부당한 말입니다. 당신도 알다시피 그동안 나는 내 친척이 아닌 많은 사람을 도왔습니다. 확신컨대, 이 청년에게는 이해와 격려가 필요합니다. 그도 앞으로 훌륭한 전도자가 될 수 있습니다.

바울: 우리에게 필요한 사람은 박해와 성난 폭도와 구타, 어쩌면 투옥까지도 견뎌낼 수 있는 사람이어야 합니다. 그러니 더욱 우리 팀은 똘똘 뭉쳐서 서로 완전히 믿을 수 있어야 합니다. 그런데 마가처럼 실패한 청년을 어떻게 믿을 수 있겠습니까? 바나바, 안 됩니다. 주님의 말씀을 생각해보십시오. "손에 쟁기를 잡고 뒤를 돌아보는 자는 하나님의 나라에 합당하지 아니하니라."

바나바: 저번의 실패에 대해서는 내가 그를 잘 타일렀습니다. 분명히 말하지만, 또 이탈하지는 않을 겁니다. 이번에 그를 거부하면 회개하는 그에게 영적인 해를 끼칠 수도 있습니다. 마치 상한 갈대를 꺾고, 꺼져가는 등불을 끄는 것처럼 말이지요.

바울: 그를 믿기에는 시기상조입니다.

바나바: 바울, 기억하겠지만 내가 회심한 당신에게

> 기회를 주었을 때도 시기상조였습니다.
> 사도들은 당신이 회심을 가장해서 예루살렘
> 교회에 침투하려는 줄로 알고 당신을
> 경계했습니다. 하지만 나는 당신에게 일단
> 증거부터 대보라고 하지 않았습니다. 이번에
> 마가에게도 기다리게 하고 싶지 않습니다.
> 지금 내가 그를 보증합니다.3)

그야말로 전형적인 교착 상태였다! 누가는 이렇게 기록했다. "서로 심히 다투어 피차 갈라서니 바나바는 마가를 데리고 배 타고 구브로로 가고 바울은 실라를 택한 후에 형제들에게 주의 은혜에 부탁함을 받고 떠나"(행 15:39-40). 여태 긴밀한 동역자였던 바울과 바나바가 이제 갈라섰다. 이들이야말로 최고 중의 최고였다. 성령이 그들을 택하셔서, 여태 한 번도 복음을 듣지 못한 사람들을 찾아가는 일을 맡기셨다. 그들은 함께 기도하고, 함께 피 흘렸으며, 함께 꿈꾸었고, 함께 전도했으며, 함께 먹고 함께 아파했다. 그런데 견해 차이 때문에 갈라섰다.

얼마나 다투었으면 그랬겠는가! "심히 다투어"로 옮겨진 헬라어 원어 '파록쉬스모스'(*paroxusmos*)에서 영어 단어 '발작'(paroxysm)이 파생되었다. 웹스터 사전에 '발작'은 '불시의 격한 감정이나 행동, 돌발적 분출'로 정의되어 있다.

잠시 그 장면 속으로 들어가 보자. 당신도 이전에 그렇게 언쟁한 적이 있었는지 모르겠다. 당신은 아무도 언성을 높이지 않는 가정에서 자랐을 수도 있고, 큰소리로 싸우는 것이 일상인 가정에서 자랐을 수도 있다. 내 경우, 부모님이 서로 언성을 높이는 것을 들은 기억이 없다. 물론 자녀인 우리에게는 때로 화를 내셨고, 마땅히 그러실 만했다. 하지만 나는 비교적 평화로운 환경에서 자랐다. 당신의 경우는 다를 수도 있다. 어쨌든 본문에 벌어진 사건에서는 격한 감정이 돌발적으로 폭발했다. 그것만은 분명하다.

솔직히 나도 장성해서는 그렇게 폭발한 적이 있다. 그때마다 내 소신이 하도 깊어서, 반대 처지에 선 사람에게 대뜸 정면으로 맞섰다. 어쩌면 지금 당신도 그런 발작적인 삶 때문에 누군가와 갈라서 있을지도 모른다. 여기 질문이 있다. 바나바와 바울 중 누가 옳았는가? 너무 성급히 답하지 말고 객관적으로 생각해보라. 어떤 사람은 이렇게 말할 것이다. "직관대로 하자면, 분명히 바나바는 긍휼의 사람이었다. 그가 옳았다!"

그러나 너무 통 크게 아량을 베풀기 전에 이런 경우를 상상해보라. 어떤 사람이 당신의 돈 5만 원을 빌려 가서는 끝내 갚지 않았다. 그 사람이 다시 찾아와 돈을 더 빌려달라고 하면 당신은 어떻게 하겠는가? 선뜻 용서하고 재기의 기회를 주겠는가? 누구라도 뒤로 물러나 이렇게 말했을 것이다.

"잠깐 보류할게요. 결정을 내리는 데 시간이 더 필요해요. 그렇게 하려면 먼저 뭔가 변화가 필요합니다." 바울이 바로 그랬다. 그는 과거에 집중했다. 반면 바나바의 시선은 분명히 미래에 있었다. 존 폴락John Pollock은 유익한 책 『사도 바울』(The Apostle: A life of Paul)에 이렇게 썼다.

> 인자하고 차분한 바나바가 홧김에 말해야 했을
> 정도면 분명히 그 상황에 심각한 문제가 있었다.
> 바울은 "사랑은 오래 참고 사랑은 온유하며…
> 자기의 유익을 구하지 아니하며"라고 쓸 수 있게
> 되기까지 아직 가야 할 길이 멀었다.4)

알다시피 바나바는 키프로스 출신이었다. 그래서 바울과 갈라선 후에 요한 마가와 함께 배를 타고 정든 고향인 키프로스섬으로 갔다. 아마 그에게 "다시 키프로스로 가자. 거기에는 너를 이해해줄 사람이 많이 있다. 우리 집안은 저렇게 돌아가지 않는다"라고 말했을 것이다. 흥미롭게도 바울도 밀고 나갔다. 그는 다른 길동무(실라)를 택하여 수리아 쪽으로 2차 선교여행에 올랐다(행 15:40 참고).

하나님의 주권적 섭리 속에 복음은 계속 선포되었다. 둘이 심히 다툰 결과로 오히려 전도가 배가되었다. 이들의 결별에서 몇 가지 중요한 교훈을 얻을 수 있다. 재기의 기회가 필요한 실제 상황에 부딪혔을 때, 이를 우리의 현실에 적용할 수 있다.

## 오늘을 위한 지침

이제 지극히 사적인 이 이야기에서 우리 자신을 봐야 할 때다. 그들의 입장이 되되, 세부 사항만 1세기에서 현재 당신과 나의 삶의 자리로 바꾸어보자. 당신과 견해 차이를 보이는 특정인을 잠시 떠올려보라. 당신과 그 사람은 한때 아주 가까웠으나 지금은 뚜렷한 이견 때문에 어색한 거리감이 생겼다. 마음속으로는 갈라서기까지 했다. 나도 그 심정을 안다. 내 삶에도 그런 대상이 몇 명 있다. 그들을 적으로 생각하지는 않지만, 정말 가까운 사이라는 느낌은 좀처럼 들지 않는다. 내 생각에 어떤 문제는 너무 커서 극복할 수 없다. 그래서 재기의 기회를 주어야 할지 의문스러울 때가 있다. 당신은 그 사람에게 재기의 기회를 주어야 하는가? 재기의 기회가 필요한 쪽이 당신인 경우, 상대는 당신에게 그 기회를 주어야 할까?

상황마다 정상을 참작해야 한다. 왜냐하면 삶은 우리의 바람만큼 흑백으로 분명하게 가를 수 없으며, 대개 회색 지대가 존재한다. 그리고 우리는 반드시 서로 용서해야 한다. 그러나 용서는 하지만 재기의 기회는 주지 않을 수도 있지 않을까? 재기의 기회를 준다면, 이전의 가해가 별일 아니었다는 메시지를 던지는 셈일까? 재기의 기회를 주지 않으면, 사태가 더 나빠질 수도 있을까? 이런 복잡한 상황을 헤쳐나가는 데 도움이 될 네 가지 지침을 제시하려고 한다. 이 조언은 누군가에게 재기의 도움이 필요한지 여부를 당신이 결정해야 하는 상황일 때 가장 유익할 것이다.

### 상대의 관점에서 보려고 애쓰라

사도 바울이 쓴 신약의 본문이 떠오른다. 재기의 기회라는 드라마에서 '주인공 역'을 맡았던 그가 이렇게 썼다. "아무 일에든지 다툼이나 허영으로 하지 말고 오직 겸손한 마음으로 각각 자기보다 남을 낫게 여기고 각각 자기 일을 돌볼뿐더러 또한 각각 다른 사람들의 일을 돌보아"(빌 2:3-4).

이것이 바로 상대의 관점을 배려한다는 뜻인데, 바울과 바나바처럼 당신도 소신이 깊을 때는 그렇게 하기가 몹시 힘들다. 그래도 상황을 상대의 눈으로 보려고 애써야 한다. 그럴 마음이 없이는 합의가 불가능하다. 최소한 모종의 합의에 마음이 열려 있어야 한다. 그러려면 큰 은혜와 인내가 필요하다. 물론 객관성도 필요하다. 잠시 자존심 부리기를 멈추고, 당신의 견해가 이 상황에 대한 정답이 아닐 수도 있음을 인정해야 한다. 상대의 입장이 돼보려면 특히 더하다.

## 지혜로운 타협을 모색하라

이 원리는 레슬리 플린Leslie Flynn의 훌륭한 책 『교회의 큰 싸움들』(Great Church Fights)에 나오는 개념을 정리한 것이다. 그는 이렇게 썼다.

> 바울이나 바나바 또는 양쪽 모두가 합리적 타협안을
> 생각해낼 수는 없었을까? 교리 문제가 아니었으니
> 양보해도 이단이 되지는 않았을 것이다. 바울이
> 이렇게 말할 수는 없었을까? "마가에게 근신
> 기간을 줍시다. 한 달 동안 하는 걸 봐서 시원찮으면
> 돌려보내는 겁니다." 바나바도 이렇게 양보할
> 수도 있었다. "정말 헌신된 일꾼들이 우리 팀에
> 필요합니다. 일단 우리끼리 떠나고 마가에게는
> 작은 일을 맡겨 어떻게 하는지 봅시다. 기대에
> 부응한다는 소식이 들려오면 그때 인편을 보내 그를
> 합류시키는 겁니다."
> 또는 두 사람이 조건부 방안에 합의할 수는
> 없었을까? "요한 마가를 데려가되 다른 사람들도
> 함께 데려갑시다. 혹시 마가가 우리를 다시 버려도
> 나머지 인력에 의지하면 되니까요."[5]

재기의 기회를 주어야 할지를 판단할 때는 창의적으로 생각하라. 당신이 타협할 줄 모르는 사람이라면 결국 지독히 외로워질 것이다. 그러므로 양측 모두 이견의 근거가 탄탄할 때는 지혜로운 타협을 모색하라. 오랜 가정생활을 통해 나는 타협이 백년해로의 필수 요소임을 배웠다. 타협할 마음이 없거든 연애하지 말라! 결혼할 생각도 하지 말라!

<u>홧김에 자리를 뜰 게 아니라</u>
<u>충분한 애정으로 갈등을 해결하라</u>

　요즘 말로 하자면 발끈해서 전화기의 '종료' 버튼을 누르고 씩씩거리며 돌아서지 말라! 가시 돋친 문자를 보내지 말라! 이런 반응은 상황에 도움이 되기는커녕 솔직히 더 악화시킬 뿐이다. 성숙한 그리스도인은 갈등에 그렇게 대처하지 않는다. 최선을 다해 갈등을 해결하라. 물론 어려울 수 있으며, 평화로운 해법에 도달하지 못할 수도 있다. 상황에 따라 상대에게 잘못의 결과를 다 겪도록 시간을 주어야 할 수도 있다. 그럴 때는 곧바로 재기의 기회를 주는 것이 현명한 방침이 못 된다.
　십대 시절에 나는 아버지의 강권에 못 이겨 방과 후에 일을 했다. 근처 잡화상에 시간제로 취직한 것이다. 내 보직은 매장에 차차 진열될 제품을 뒤에서 관리하는 창고 직원이었다. 창고 직원은 나 하나뿐이었고 점주인 허버드 씨는 나를 신임했다. 모든 상품이 내가 관리하는 공간에 쌓여 있었다.

하루는 신제품 소프트볼이 담긴 많은 상자가 들어왔다. '소프트볼이 매장에 필요한 양보다 훨씬 많구나'라는 생각이 들었다. 그래서 한 상자를 훔쳤다. 무엇이든 상자째로 훔치는 도둑은 썩 똑똑하지 못하다. 버스를 타고 집에 갈 때가 돼서야 소프트볼을 보이지 않게 두어야 한다는 데 생각이 미쳤다. 문제는 나의 어머니가 '전지하고 편재하신' 분이라는 것이었다. 내 방의 서랍 속에 숨기면 틀림없겠거니 생각했으나, 물론 어머니가 빨래를 하신다는 사실을 망각한 처사였다. 이튿날 학교가 끝나기도 전에 그 상자는 이런 쪽지를 달고 내 침대 위에 놓여 있었다. "아버지가 들어오실 때까지 기다려라."

그날 나는 화물 열차에 올라타 남쪽 멕시코로 가버릴까도 생각했다! "정말 도로 가져다 놓을 거예요! 아예 쓰지도 않았고요"라고 변명해보았으나 어머니는 들은 척도 하지 않았다. 오히려 깊은 실망을 내비치며 똑같은 경고를 되풀이했다. "아버지가 들어오실 때까지 기다려라."

그날 밤 집에 돌아오신 아버지는 '신의 채찍'이었다는 훈족의 아틸라 왕이었다. 사실 우리 아버지는 아주 훌륭하신 분이다. 그래서 도둑질한 자녀를 그냥 둘 수 없었다. 이튿날 아침에 아버지는 나를 차에 싣고 그 잡화상으로 갔다. 나는 안에 들어가 허버드 씨에게 소프트볼 상자를 내밀었다. 거기서 창피하고 죄스럽게 범죄를 이실직고하자니 눈물이 주르르 흘렀다. 다시 차로 나오니 아버지가 허버드 씨의 반응을 물었다.

"나를 해고했어요." 나는 풀이 죽어 울먹이며 말했다.

"잘됐다!" 아버지가 말했다. "아들아, 일찍 교훈을 배운 셈 쳐라. 도둑이 되면 심각한 결과가 따른다는 것을 알아야 해. 해고만 했다니 다행인 줄 알아라. 경찰서에 넘길 수도 있는 일이었다."

집에 가는 길에는 둘 다 말이 없었다. 차고에 다 왔을 때도 나는 울고 있었다. 이제 소프트볼도 별로 재미없어 보였다. 집에 도착하여 내 방에 들어간 나는 평생 두문불출할 작정이었다. 얼마 후 방문을 두드리는 소리가 났다. 아버지가 들어와 내 침대 곁에 서서 "아들아, 얘기 좀 할까"라고 말했다. 아버지와 대화하면서 나는 아주 소중한 교훈을 배웠다. 진실을 말하는 것과 훔치지 않는 것이 중요하다는 사실뿐 아니라 사고를 치면 반드시 대가가 따른다는 점이었다.

아버지가 당장 재기의 기회를 주었다면 내게 아무런 유익이 없었을 것이다. 그 시점에서 내게 필요한 것은 일을 계속하는 게 아니라 잘못의 대가를 치르는 것이었다. 아버지는 "일이야 또 구하면 된다. 그나저나 허버드 씨의 잡화상에서 일한 경력은 굳이 밝힐 필요가 없겠지"라고 말했다. 그러더니 씩 웃으며 내게 팔을 두르고 "자, 멕시코 음식이나 먹으러 가자. 오늘은 가족에게 외식을 시켜주고 싶구나"라고 말했다.

'나를 벌하지 않으시는 건가?'라는 생각이 들었다. 아버지의 벌은 따로 없었다. 그날 밤 잠자리에 들기 전에 아버지는 자신이 나를 얼마나 사랑하는지를 확실히 알려주었다. 간단한 이야기지만 그 교훈을 영영 잊지 못한다. 지금도 유혹이 밀려올 때면 즉시 그때의 일과 아버지와 허버드 씨가 떠오른다. 재기의 기회가 배제되었던 그 교훈은 내 뇌리와 양심에 영원히 새겨져 두고두고 영향을 미쳤다.

### 불쾌감을 주지 말고 상대의 이견을 존중하라

합의에 도달할 수 없어 이견을 남겨두어야 할 때도 불쾌감을 주지 않도록 노력하라. 원한을 품고 살지 말라. 사람을 미워하는 상태로 무덤에 들어가지 말라. 이 모든 논의의 배경이 용서였음을 잊지 말라. 용서란 언제나 당신 쪽에서 베푸는 것이다. 언제나 그렇다. 화해 여부와 무관하게 용서는 필수다. 다만 상황에 따라 결별이 유익할 수도 있다.

- 어떤 부부 관계는 지속되어서는 안 된다. 예컨대 폭력을 행사하거나 자녀를 성폭행할 우려가 있거나, 심지어 배우자를 죽음에 이르게 할 수 있는 경우가 그렇다. 피해

자 쪽에서 그런 위협을 인지하는 순간 반드시 조치해야 한다.
- 어떤 학교가 설립되는 것은, 신학적으로 부패했거나 성경에서 떨어져 나간 기존 학교에서 분리된 결과다. 내가 공부한 신학대학원도 유서 깊은 교단에 대립하여 생겨났다. 그 교단이 성경의 무오성, 대속의 교리, 그리스도의 동정녀 탄생 등을 더는 인정하지 않았기 때문이다. 거세지는 자유주의와 세속주의의 시류를 거슬러 그런 중대한 신학적 교리를 확고하게 가르치고 떠받칠 신학교가 필요했다.
- 어떤 건강한 교회를 개척하는 이유는 한때 견실하던 기존 교회가 방향을 상실했기 때문이다. 성경에 헌신했던 교회가 점차 변하여 더는 하나님의 말씀을 제대로 가르치지 않았기 때문이다. 예배도 피상적이고 얄팍해졌다. 그 시점에서 다른 교회가 생겨나 성경적 기초를 수호했다. 교인들은 기존 교회에 돌을 던진 게 아니라 그냥 옳다고 믿는 방향으로 갔을 뿐이다.
- 어떤 동업 관계는 종식되어야 한다. 갈등상태로 지속할 수 없다고 판단될 때는 각기 다른 방향으로 가야 한다. 사업에서 정직과 팀워크라는 가치와 헌신을 더는 공유할 수 없다면 결별이 바람직하다.

정말이지 외관상의 상실이 사실은 오히려 더 해방일 때가 있다. 그럴 때는 마음을 넓혀서, 당신이 결별하기로 한 개인이나 단체에 하나님이 복을 주실 수도 있음을 알아야 한다. 나는 밥 쿡Bob Cook 박사가 한 말이 참 좋다. "하나님은 나와 견해가 다른 사람들도 쓰실 권리가 있다."

그리스도 안에서 성숙하게 자라갈수록, 삶이란 늘 우리가 바라는 대로만 되지는 않음을 더 잘 이해하게 된다. 많은 부분을 하나님의 신비로운 뜻에 맡겨야 한다. 결별은 한편으로 슬프다. 그러나 매번 하나님의 신비로운 계획이 전개된다는 증거이기도 하다. 오류를 범하려거든 은혜가 절실히 필요한 사람들에게 은혜를 베푸는 쪽으로 범하자. 머잖은 장래에 당신이나 당신이 사랑하는 사람이 이렇게 묻게 될 수도 있다. '다시 일어설 기회가 필요하다면?'

* 제7장 *

# 장애나 질병이 생겨 고통스럽다면?

건강에 심각한 문제가 생겼을 때를 위한 하나님 말씀

고린도후서는 바울의 가장 자전적인 서신이다. 소위 '은혜의 사도'가 이 편지에는 자신의 연약한 모습을 숨김없이 내보인다. 모든 위대한 생애에는 소수의 측근만이 접할 수 있는 속내가 있다. 다른 사람들은 멀리서 보고 감탄할 뿐이다. 분명히 바울은 사상 최고의 지도자급으로 손색이 없었으며, 그래서 우리는 그의 깊은 성숙함이 무엇에서 비롯되었는지 궁금해진다. 그 넓은 지혜와 깊은 자족과 넉넉한 은혜는 어디서 왔을까?

바울이 위대한 이유는 재능이 뛰어나거나 머리가 좋아서도 아니고, 고명한 스승들에게 배워서도 아니다. 놀랍게도 그의 위대함은 연약함과 부족함에서 비롯되었고, 이 연약함은 스스로 "육체에 가시"(고후 12:7)라고 표현한 심각한 장애가 그에게 극심한 고통을 안겨준 결과였다. 이 가시의 단점은 그것이 바울을 사정없이 아프게 쳤다는 것이고, 장점은 그를 오만한 자만심에 빠지지 않도록 막아주었다는 것이다. 고통 덕분에 그는 이기적 교만에서 벗어나, 웬만한 사람이 놓치는 "내가 약한 그때에 강함이라"(고후 12:10)는 아주 중요한 진리를 깨달을 수 있었다. 가시 덕분에 바울은 하나님의 은혜로 족함을 배웠고, 대다수 사람이 평생 간과하는 진리를 가슴에 품었다. 바로 하나님의 "능력이 약한 데서 온전하여"(고후 12:9)진다는 진리다.

## 자만심의 문제

지난 세월 내가 관찰한 바에 따르면, 소위 '부족한 것 없이' 혼자 힘으로 충분해 보이는 사람에는 적어도 세 부류가 있다. 첫째는 머리가 아주 좋은 부류다. 이들은 지적으로 똑똑하고 해박하다. 당신도 여기에 속한다면 시험 보기가 즐거울 것이다. 정답을 다 알기 때문이다. 또 이해도 빠르고, 기억력도 좋으며, 재치가 있고, IQ도 높다. 똑똑한 사람은 영리하고 유능하며 자신감 있어 보이기 마련이다.

둘째는 재능이 뛰어난 부류다. 화가나 조각가, 음악가나 작가나 작곡가, 웅변가로 두각을 드러내는 이들이 이에 해당한다. 그들의 재능은 비범함에 가까워 인간의 '평균' 수준을 훌쩍 벗어난다.

셋째는 신앙심이 깊은 부류다. 이들은 지극히 거룩한 세계에 사는 듯 보이며, 혼자 힘으로 충분하다는 인상과 여간해서 보기 힘든 깊은 영성을 풍긴다. 그중에는 성경의 내용을 잘 전달하는 사람도 있고, 몇 시간씩 기도하고 묵상한다는 사람도 있다. 누가 보기에도 믿음이 좋고 하나님을 폭넓게 안다.

방금 말한 특성들이 원래 잘못된 게 아님을 알아야 한다. 나머지 우리에게야 불공평해 보일지 몰라도 그 자체가 잘못은 아니다! 다만 남달리 똑똑하거나 재능이 뛰어나면 제 잘난 맛에 심히 교만해질 위험이 있고, 교만한 사람은 눈이 멀어 현실을 보지 못할 수 있다. 우리의 존재나 소유나 능력이 우리에게서 기원하지 않았음을 망각하기 쉬운 것이다. 이를 일깨워주는 성경 말씀을 두 군데만 살펴보자.

> 네게 있는 것 중에 [하나님께] 받지 아니한 것이 무엇이냐. 네가 받았은즉 어찌하여 받지 아니한 것같이 자랑하느냐(고전 4:7).
>
> 온갖 좋은 은사와 온전한 선물이 다 위로부터

빛들의 아버지께로부터 내려오나니 그는 변함도 없으시고 회전하는 그림자도 없으시니라(약 1:17).

당신이 지적으로 뛰어나다면 그 머리는 저절로 난 게 아니다. 계속 교육받고 계발했을 수는 있으나 그 뛰어난 지성을 스스로 얻어내지는 않았다. 하나님이 주셨다. 마찬가지로 화폭에 그림을 그리고 점토로 조형물을 빚으며 공을 완벽하게 패스하는 당신의 재주도 저절로 난 게 아니다. 살균 처리된 수술실에서 손과 눈의 비범한 협응을 통해 정교하게 심장을 절제(切除)하는 능력도 스스로 얻어낸 게 아니다. 그 재주도 위에서, 주님으로부터 내려왔다. 당신의 영적 깨달음이 남다르다면 그 깊은 관심이나 세심한 신학적 통찰력이 저절로 난 게 아니다. 이 또한 하나님이 주신 선물이다.

미리 밝혀두거니와 육체의 가시는 여러 모양을 띤다. 당신은 몸의 문제로 고생할 수도 있고, 우울증이나 불안과 싸울 수도 있다. 자신은 괜찮은데 당신이 사랑하거나 돌보는 사람이 신체장애를 안고 살아갈 수도 있다. 당신의 아들이나 딸에게 자폐증이 있거나 상이군인으로서 외상 후 스트레스 장애가 있을 수도 있다. 상황이 어떻든 간에 하나님은 이해하시며, 족한 은혜와 감당할 만한 힘을 주신다.

우리 힘으로 충분히 감당할 수 있을 것 같을 때도 하나님은 그분의 힘을 의지하게 하신다. 어떻게 그렇게 하실까? (당신의 마음에 들지 않겠지만) 성경의 답은 이것이다. 그분은 시련과 시험을(어떨 때는 영구적 장애까지도) 우리에게 보내거나 허용하셔서, 전적으로 그분께 의존할 수밖에 없게 하신다. 하나님은 고장 난 심신의 고통과 제약, 괴로운 시련 등을 통해 우리의 자만심을 꺾으신다. 이 진리를 끝내 깨우치지 못하는 사람도 있으나 일단 깨우치고 나면, 대개 훌륭한 사람이 된다. 하나님은 고장 난 악기로 비할 나위 없는 곡을 연주하신다.

## 고장 난 악기를 쓰시는 하나님

많은 사람이 바이올린 연주자 겸 작곡가인 니콜로 파가니니Niccolò Paganini를 역대 최고의 바이올리니스트로 꼽는다. 19세기 이탈리아의 이 거장은 바이올린 주법에 혁신을 이루어 현대 바이올린 연주자들의 기준을 세웠다. 그러나 그런 성취의 한가운데서 그도 장애와 깊은 고뇌를 겪었다.

어느 잊지 못할 공연에서 파가니니는 장내를 가득 메운 청중 앞에 서서 어려운 곡을 연주했다. 모든 세션이 갖추어진 오케스트라가 그를 둘러싸고 우레와 같은 소리로 협연했다. 문득 파가니니의 바이올린 현 하나가 툭 끊어져 밑으로 늘어졌다. 그의 이마에 송골송골 땀방울이 맺혔으나 그는 얼굴을

한 번 찡그렸을 뿐 연주를 계속했다. 세 개의 현으로 아름답게 즉석 변주를 이어간 것이다.

그런데 차례로 현이 두 개나 더 끊어져, 끊어진 세 개 현이 힘없이 대롱거렸다. 그런데도 이 거장은 하나 남은 현으로 어려운 곡을 끝까지 마쳤다. 청중은 기립 박수를 보내며 이탈리아식으로 장내가 떠나갈 듯이 뜨겁게 "브라보! 브라보!"를 외쳤다.

박수가 가라앉자 바이올리니스트가 청중을 착석시켰다. 그들은 자리에 앉으면서 차마 앙코르 연주를 기대하지는 않았다. 파가니니는 모두에게 보이게 바이올린을 높이 쳐들고 고갯짓으로 지휘자에게 앙코르 연주를 시작하게 한 뒤 다시 청중을 향했다. 이어 흥행사답게 눈을 찡긋하며 씩 웃고는 "파가니니와… 하나의 현!"이라고 외쳤다. 그러고는 현이 하나뿐인 스트라디바리우스 바이올린을 턱에 끼고 앙코르곡을 연주하는 동안 청중은 (어쩌면 지휘자도!) 고개를 저으며 찬탄했다.

나는 여러 이유로 이 이야기가 참 좋은데, 그중 하나는 또 하나의 멋진 인물을 내게 알려주기 때문이다. 그는 엄청난 제약에도 하나의 현만으로 삶을 연주하는 경이와 은혜를 보여주었다. 기독교 작가이자 화가이며 작사가인 조니 에릭슨 타다Joni Eareckson Tada는 사지가 마비된 장애인이다. 그녀의 훌륭한 책 『희망 노트』(*A Place of Healing*)에 이런 설득력 있는 말이 나온다.

우리 삶에 끊어진 현이 무엇이든 여전히 우리는 남은 것으로 아름다운 곡을 연주할 수 있다. 이미 아는 만큼을 집중해서 응용하면 된다. 이것이야말로 다른 누구도 똑같이 연주할 수 없는 음악이다. 오랜 세월 휠체어에서 터득한 이 교훈을 나는 요즘도 만성 고통 속에서 밤낮으로 또 배워야 했다. 때로 당신도 남은 것을 취하여 삶에서 새롭고 다른 무엇을 끌어내야 한다. 그러면 삶이 새로운 화음의 배열로 편곡된다.

비유컨대 중증 장애인은 통상적 바이올린이 아니며, 그래서 하나님이 그 삶 속에 연주하시는 방식도 평범하지 않다. 소모성 부상, 불치병, 만성 통증 등으로 고생하는 사람은 관현악단의 표준 악기가 아니다. 몸이 성한 사람은 체력과 기동력과 활력이 좋아 무엇이나 할 수 있지만 우리는 그렇지 못하다. 고장 난 악기에서 선율을 뽑아내려면 특별한 솜씨가 필요하며, 그 일을 하시는 분은 칭송과 영광을 받으시기에 합당하다.

하나님이 바로 그분이시다.

하나님은 가장 아닐 것 같은 뜻밖의 악기로 비할

나위 없이 아름다운 독보적 음악을 창출하신다.[1)]

## 대표 사례: 사도 바울

배경을 이쯤 살펴보았으니 이제 우리는 유명하지만, 장애인이었던 사도 바울의 간증을 들을 준비가 되었다. 바울이 장애인이었다는 말은 여간해서 듣기 힘들지만 사실이다. 사실 당신과 나도 마찬가지다. 우리도 다 이래저래 장애가 있기 때문이다.

물론 장애가 남보다 더 눈에 띄는 사람도 있다. 그러나 속으로는 누구나 자기만의 제약이나 장애로 힘들어한다. 지금은 아니더라도 기다리기만 하면 반드시 자기 차례가 온다. 이 사실을 기억하면 이 땅의 다른 영혼을 높이 떠받들 일이 없다. 똑같이 고생하는 처지임을 알기 때문이다.

그런데도 상대가 사도 바울이면 왠지 떠받들고 싶어진다. 그는 해박한 지성과 뛰어난 재능과 깊은 영성의 대표적 사례일 뿐 아니라 유능한 사역 지도자로서도 교회사에서 최고라고 할 만큼 돋보인다.

바울의 신앙 이력서는 역사상 누구에게도 뒤지지 않는다. 배경이 탄탄하고, 계보도 흠잡을 데 없고, 업적은 독보적이며, 교리에 대한 이해도 심오하다. 그가 갖춘 남다른 자격을 본인의 말로 들어보라.

> 무익하나마 내가 부득불 자랑하노니 주의 환상과
> 계시를 말하리라. 내가 그리스도 안에 있는
> 한 사람[바울 자신]을 아노니 그는 십사 년 전에
> 셋째 하늘에 이끌려 간 자라(그가 몸 안에 있었는지
> 몸 밖에 있었는지 나는 모르거니와 하나님은
> 아시느니라). 내가 이런 사람을 아노니(그가 몸
> 안에 있었는지 몸 밖에 있었는지 나는 모르거니와
> 하나님은 아시느니라) 그가 낙원으로 이끌려가서
> 말로 표현할 수 없는 말을 들었으니 사람이 가히
> 이르지 못할 말이로다(고후 12:1-4).

천상에서 초자연적 만남이 있었다는 바울의 특이한 고백은 그의 놀라운 삶의 몇 가지 단면을 보여준다.

### 이례적 특권의 사람

바울은 "셋째 하늘"을 직접 체험하고 이 땅으로 돌아왔다. 그 일을 나중에야 말하면서 그곳을 "낙원"이라 칭했다. 얼마나 이례적인 특권인가. 당신은 셋째 하늘에 이끌려갔다 온 사람을 몇이나 아는가? 나는 하나도 모른다. 몸 밖으로 나

가 천국에 다녀왔다고 주장하는 사람은 많이 있고, 그런 이야기로 책을 펴내고 영화 판권까지 팔아 수지맞은 사람도 더러 있다. 그러나 바울이 기술한 이 체험만큼 신빙성 있는 말은 현대 세계에는 없다.

게다가 바울은 엄청난 자제력을 발휘하여 그 일을 세상에 광고하지 않고 14년 동안 혼자만 알고 있었다. 신비 체험을 상업화할 욕심이 없었고, 지위를 악용하거나 자신의 지명도를 높일 생각도 없었다. 요즘 시대에 살았다면, 그는 스마트폰용 '셋째 하늘 앱' 따위를 출시하지 않았을 것이다.

## 비범한 겸손의 사람

이 초자연적 체험에 대한 바울의 반응에서 아마도 가장 놀라운 점은 교만을 찾아볼 수 없다는 것이다. 오히려 그는 "내가 이런 사람을 위하여 자랑하겠으나 나를 위하여는 약한 것들 외에 자랑하지 아니하리라"(고후 12:5)고 썼다.

얼마나 훌륭한 (그리고 보기 드문) 일인가! 바울은 왜 비범한 체험을 자랑하지 않았을까? 왜 자신의 이야기를 사방에 떠벌리지 않았을까? 왜 자신을 성인(聖人)으로 내세우지 않았을까? 그 답도 직접 밝혀놓았다.

내가 만일 자랑하고자 하여도 어리석은 자가 되지

아니할 것은 내가 참말을 함이라. 그러나 누가 나를 보는 바와 내게 듣는 바에 지나치게 생각할까 두려워하여 그만두노라(고후 12:6).

이런 말과 같다. "사람들이 내 삶과 말을 보고 듣고 있다. 아무도 나를 그 이상으로 생각하지 않았으면 좋겠다." 그런 이례적 체험을 한 그가 도대체 어떻게 줄곧 겸손할 수 있었을까? 답은 장애다. 장애 덕분에 바울은 그토록 비범하게 겸손했다. 날마다 부딪치는 고통 덕분에 자신이 아니라 주님을 의지할 수밖에 없었다.

그의 말은 이렇게 이어진다. "여러 계시를 받은 것이 지극히 크므로 너무 자만하지 않게 하시려고 내 육체에 가시 곧 사탄의 사자를 주셨으니 이는 나를 쳐서 너무 자만하지 않게 하려 하심이라"(고후 12:7). 자신의 '사르키'(육체, *sarki*)에 '스콜로프스'(가시, *skolops*)를 주셨다는 바울의 말을 풀어쓰면 "하나님이 내게 장애를 주셨다"가 된다. 그 결과 그는 극심한 고통을 안고 살았다.

## 필연적으로 고통을 겪었던 사람

웹스터 사전에 따르면 '장애'라는 단어는 '능력을 상실한 상태'를 뜻한다. 유익한 동의어를 몇 가지 살펴보자.

- 불구
- 마비
- 기능의 결함
- 움직일 수 없음
- 무력함

바울이 쓴 가시라는 단어의 헬라어 원어 '스콜로프스'(*skolops*)는 성경을 통틀어 이곳에 딱 한 번만 쓰였다. 이는 은유적 가시가 아니라 몸을 뚫고 찌르는 고통이었다. 다시 말해서 물리적인 무엇이었다. 대다수 학자는 이 단어를 몸속에 박힌 물리적 꼬챙이로 본다. 체내에 나무못을 때려 박던 고대의 고문 및 처형 방법도 그런 결과를 낳을 수 있었다. 바울이 말한 고통은 피해자를 실성하게 할 정도로 참기 어려운 통증이었다. 신약학자 윌리엄 바클레이 William Barclay 는 이렇게 썼다.

> "가시"라는 단어 자체가 잔인하다시피 한 통증을 가리킨다…전체적으로 물리적 고통을 묘사한다… 지중해 동쪽 기슭에 퍼진 독성 말라리아열이 만성으로 재발하여 바울을 괴롭혔을 가능성이 가장 크다…이 병을 앓아본 사람은 수반되는 두통을 "시뻘겋게 단 쇠막대로 이마를 찌르는 것" 같다고

표현했다. 다른 사람은 "치과 의사의 드릴처럼 관자놀이를 뚫어 분쇄하는 통증"이라며…통증이 심할 때는 "인간으로서 견디기 힘든 극한에 이르렀다"라고 말했다.[2)]

가시를 묘사하면서 바울이 덧붙인 말을 놓치지 말라. 그 가시는 "사탄의 사자"(고후 12:7)였다. 가시가 사탄의 사자라는 말에는 고통의 측면도 담겨 있다. 이 고통이 바울을 신체적, 정신적, 정서적으로 계속 고갈시켰다. 고통이 얼마나 괴로운지는 우리도 직접 겪어보거나 사랑하는 사람의 경우를 보아서 안다. 만성 질환, 장애인 자녀를 돌보는 일, 알츠하이머병에 걸린 배우자를 날마다 수발하는 일 등에는 대개 끝없는 고생이 수반된다. 그런 상황이 너무 심하고 오래가면 누구라도 무너져내릴 수 있다.

바울처럼 지성이 예리하고 재능이 뛰어나고 영성이 깊은 사람도 그런 타격 덕분에 주님 앞에 순한 양이 되었다. 본인이 그렇게 고백했다.

> 이것이 내게서 떠나가게 하기 위하여 내가 세 번 주께 간구하였더니 나에게 이르시기를 "내 은혜가 네게 족하도다. 이는 내 능력이 약한 데서 온전하여짐이라" 하신지라(고후 12:8-9).

자신에게 닥쳐온 필연적 고통 앞에서 그는 그것을 없애달라고 몇 번이나 기도했다. 냉소주의자는 위 본문을 보고 즉시 하나님이 잔인하다고 생각할지 모른다. 하지만 이는 얄팍하고 무지하고 부실한 반응이다. 하나님은 선하셔서 잔인하실 수 없고, 그분의 계획은 위대해서 누군가를 괴롭힐 수 없다. 인간은 인간을 괴롭히지만, 하나님은 사람을 괴롭히지 않으신다. 그분은 깊은 뜻이 있으시며, 어떻게 해야 목표를 이룰 수 있는지도 아신다. 그분이 어련히 알아서 하신다. 하나님의 능력은 인간의 연약함 속에서 온전해진다. 그것이 바울의 경험이었고 또한 우리의 경험도 될 수 있다.

### 역설적 능력의 사람

사도 바울이 경험한 육체의 가시에서 내 표현으로 '연약함의 신학'이 나온다. 고통을 없애달라는 바울의 간구에 주님이 주신 세 번의 응답이 바로 그것이다. "내 은혜가 네게 족하도다. 이는 내 능력이 약한 데서 온전하여짐이라"(고후 12:9).

하나님의 능력이 연약함의 도가니 속에서 구현되다니 위대한 역설이다. 이 능력은 차고 넘치는 하나님의 은혜와 선하심에서 비롯된다. 우리가 연약함을 받아들이면 하나님의 능력과 붙드시는 은혜의 역사가 우리 삶 속으로 흘러들어 결국 다시 흘러나간다. 다시 말하거니와 하나님의 능력은 우리의 연약함을 타고 흐른다. 하나님은 사실상 이렇게 말씀하신다. "네 연약함을 지키고 붙들라. 그 안에 행하라. 연약함으로 옷 입고 그 안에 굳게 서라."

날마다 육체의 가시를 상대하면 더는 자만심에 미혹되어 고생하지 않는다. 자존심이 더는 당신을 괴롭히지 못한다. 연약함이 교만을 이기기 때문이다. "안 된다… 안 된다… 안 된다!"라는 주님의 응답을 세 번째로 듣는 순간, 어쩌면 바울의 머릿속에 영적이고 신학적인 깨달음이 왔을 것이다.

그 순간 바울은 이렇게 혼잣말했을지도 모른다. '드디어 깨달았다. 학교에서 랍비들한테는 이 교훈을 배운 적이 없다. 손뼉 치며 나를 칭찬하던 동료 바리새인들이나 동급생들한테도 배운 적이 없다. 내 목표를 달성해서 최고 수준의 종교적 두각을 드러냈을 때도 이런 교훈은 배우지 못했다.'

과거에 그 어떤 성공을 통해서도 바울은 하나님의 은혜로 족하다는 사실을 깨닫지 못했다. 그 교훈을 그는 괴로운 가시를 통해 배웠다. 자신을 무너뜨린 고통을 통해 배웠다. 주님께 없애달라고 간구한 그 가혹하고 무자비한 고뇌를 통해 배웠다. 그리고 마침내 그대로 받아들였다. 유진 피터슨이 풀어쓴 표현을 보면 이 본문을 더 잘 이해할 수 있다.

> 받은 계시들이 엄청나고 또 내가 우쭐거려서는

안 되겠기에, 주님께서는 나에게 장애를 선물로
주셔서, 늘 나의 한계들을 절감하도록 하셨습니다.
사탄의 하수인이 나를 넘어뜨리려고 전력을
다했고, 실제로 내 무릎을 꿇게 했습니다. 그래서
내가 교만하게 다닐 위험이 없게 한 것입니다!
처음에 나는 장애를 선물로 여기지 못하고, 그것을
없애달라고 하나님께 간구했습니다. 세 번이나
그렇게 했는데, 그분께서 이렇게 말씀하셨습니다.

> 내 은혜가 네게 족하다. 네게 필요한 것은
> 그것이 전부다.
> 내 능력은 네 약함 속에서 진가를 드러낸다.

나는 그 말씀을 듣자마자, 이렇게 된 것을
기쁘게 받아들였습니다. 나는 장애에 집착하는
것을 그만두고, 그것을 선물로 여기며 감사하기
시작했습니다. 그것은 그리스도의 능력이
나의 약함 속으로 쇄도해 들어오는 하나의
사건이었습니다(고후 12:7-9, 『메시지』).

바울은 '연약함의 신학'에 대한 통찰을 주님 자신으로부터 얻었고, 하나님의 능력이 자신의 연약함 속에 가장 명료

해짐을 깨달았다. 그래서 이렇게 고백했다.

> 그러므로 도리어 크게 기뻐함으로 나의 여러 약한 것들에 대하여 자랑하리니 이는 그리스도의 능력이 내게 머물게 하려 함이라. 그러므로 내가 그리스도를 위하여 약한 것들과 능욕과 궁핍과 박해와 곤고를 기뻐하노니 이는 내가 약한 그때에 강함이라(고후 12:9-10).

일단 깨닫고 나자 바울의 사고가 달라졌다. '은혜다. 나를 붙드는 것도 은혜요, 계속 전진하며 견디게 하는 것도 은혜다.' 생각해보라. 바울은 여러 번 선교여행을 다니며 많은 교회에서 힘써 사역했지만, 나중에 그런 내용을 상술할 때도 자기 가시를 언급한 적은 없다. 로마나 갈라디아나 에베소나 빌립보나 골로새나 데살로니가의 신자들에게 보낸 편지에는 그런 말을 쓰지 않았다. 고린도 교회에도 첫 편지에는 그 주제를 거론하지 않았고, 자신의 젊은 제자인 디모데와 디도와 빌레몬에게 쓴 편지에도 마찬가지다. 당신이 직접 찾아보라. 한 번도 언급되지 않는다.

그의 겸손한 지도와 성숙한 조언이 기록되어 있을 뿐이다. 바울은 주어진 삶에 충실하며 주님을 섬겼다. 세 개의 현이 끊어져 대롱거리는데도 장애를 딛고 나머지 하나의 현으로 연주했다. 내가 믿기로 성경 전체를 통틀어 이 가시의 교훈이야말로 삶을 송두리째 바꾸어놓을 수 있는 가장 놀라운 실체에 속한다. 교훈의 출처는 연약함이라는 가시를 통해 자만심의 위험에서 벗어난 한 인생이었다. 그의 자만심은 가시로 인한 극심한 고통과 영구적 장애에 눌려 설 자리를 잃었다. 고난의 도가니에서 바울은 얼마나 위력적인 교훈을 배웠던가! 아마 거기에 당신을 위한 교훈도 있을 것이다.

## 가시가 당신의 자만심을 찌를 때

바울 이야기는 이쯤 해두고 이제 당신에게로 넘어간다. 특히 장애를 안고 살아가야 하는 이들에게 또는 심한 제약으로 고생하는 사람을 돌보는 이들에게 말하고자 한다. 매주 내가 섬기는 텍사스의 교회에서 회중을 바라보노라면, 이 변화의 진리를 이해하려고 애쓰는 얼굴이 많이 보인다. 그 진리를 무엇이라고 했는지 아는가? 바로 하나님의 힘이 우리의 연약함, 즉 두려움과 고생, 고통과 제약 속에 드러난다는 것이다.

당신이나 주변 사람이 이 범주에 든다면 내가 세 가지 제안으로 희망을 제시하고 싶다. 이에 힘입어 당신도 생각과 마음을 그리스도의 생각 쪽으로 돌려 이제부터 관점을 바꿀 수 있다.

### 첫째로 위를 올려다보라

당신의 마음을 주님께로 향하게 한다는 뜻이다. 이렇게 생각해보라. 당신이 겪고 있는 일은 당신을 전적으로 하나님께 의존하게 하기 위한 그분의 은혜롭고 자애로운 계획의 일환이다. 그분은 당신이 그분의 차고 넘치는 신기한 은혜와 능력을 받아 누리기를 원하신다.

하나님의 관점에서 보면 당신이나 사랑하는 사람이 겪는 고통과 제약은 우연히 오지 않았다. 이 도전은 하나님에게서 왔거나, 적어도 그분이 당신을 그분께로 이끄시려고 허용된 것이라는 사실을 받아들이라. 그분의 계획은 당신의 이해력을 벗어난다. 이것을 이해함으로써 당신은 독한 원망을 퍼붓지 않을 수 있고, 혹은 이 상황이 우연히 발생했다는 생각에서 벗어날 수 있다. 끝임없이 '그것만 아니었다면'이나 '그렇게 되면 어떡하지?'에 집착하는 고통에서도 해방될 수 있다. 또 자신의 곤경과 고통을 탓할 대상을 찾다가 무력감에 빠질 일도 없다. 하나님을 올려다보면 분노와 반감으로 비난하려는 마음이 사라진다.

### 다음으로 안을 들여다보라

이를 통해 당신은 고난을 적이 아니라 친구로 볼 수 있다.

이 깨달음에서 느긋한 안도감을 얻을 수 있다. 그것이 당신에게 하나님의 은혜를 상기시키고, 하나님 사랑의 새로운 차원을 가르쳐주기 때문이다. 일단 그렇게 생각하기 시작하면, 다 신기한 기쁨에 밀려 자기 연민의 낌새조차도 보이지 않게 된다.

주변 사람들은 당신이 원망에 찌들었을 거로 생각할지도 모른다. 당신이 남들처럼 움직일 수 없거나 팔을 쓸 수 없거나, 불안 때문에 좋은 직장에 계속 다닐 수가 없기 때문이다. 그러나 하나님의 은혜로 족함을 깨달으면, 그런 부정적 영향력을 잠재우고 자신의 연약함을 온전히 끌어안을 수 있다.

당신의 장애와 평생의 고난은 하나님이 그분의 능력을 드러내시는 장이 될 수 있다. 다시 말하거니와 장애는 당신의 적이 될 필요가 없고 오히려 친구가 될 수 있다.

### 끝으로 저 너머를 내다보라

생각의 초점을 현 상황 너머에 두면 미래에 대한 새로운 희망이 솟아오른다. 당장 가시만 바라볼 게 아니라 궁극의 향기에 집중하라. 희망은 장미꽃 향기와도 같다. 어느새 그 향기가 당신을 에워싸 고통을 둔화할 것이다. 당신은 사방의 아름다운 냄새에 취해 있느라 가시가 잘 보이지도 않을 것이다.

희망보다 더 힘이 되는 덕목은 별로 없다. 우리의 기운을

북돋아 주는 아래의 말씀을 생각해보라. 인간의 괴로운 제약보다 주님께 집중하는 법을 배운 사람에게서 나온 말이다.

> 이러므로 우리에게 구름같이 둘러싼 허다한
> 증인들이 있으니 모든 무거운 것과 얽매이기 쉬운
> 죄를 벗어 버리고 인내로써 우리 앞에 당한 경주를
> 하며 믿음의 주요 또 온전하게 하시는 이인 예수를
> 바라보자. 그는 그 앞에 있는 기쁨을 위하여
> 십자가를 참으사 부끄러움을 개의치 아니하시더니
> 하나님 보좌 우편에 앉으셨느니라(히 12:1-2).

인내로써 믿음의 경주를 하기 위해 당신이 벗어버려야 할 무거운 것, 그것은 어쩌면 육체의 가시 때문에 하나님을 향해 품고 있는 원망일지도 모른다. 당신의 장애를 허용하신 하나님을 원망하고 있지는 않은가? 혹은 우울증으로 고생하는 자녀를 주신 그분께 화가 나 있지는 않은가? 여태 그 원망이 곪아서 더 나빠지게 그냥 내버려 두었는가? 여기 당신에게 해방과 치유를 가져다줄 한 마디가 있다. 내려놓으라.

너무 오랜 세월 당신을 속박해온 원망과 분노, 독설과 이기적 태도를 이제 버릴 때가 되었다. 가시에 집중할 게 아니라 그리스도 안의 소망에서 뿜어져 나오는 향기에 흠뻑 취하라. 내 친구 조니 에릭슨 타다처럼 당신의 고난을 하나님의 선물로 받아들이라! 권하노니, 이미 벌어진 일은 그냥 받아들이고, 당신의 힘든 상황을 새로운 관점으로 보라. 주님은 치유하실 수 있다. 당신이 너무 오랫동안 방황해온 원망의 거친 광야에서, 그분은 당신을 구해내실 수 있다.

당신의 고난이 무엇이든 그것을 주님의 손에서 온 은혜의 선물로 받으라. 가시를 적으로 보지 말고 당신을 겸손과 아름다움의 자리로 데려다줄 친구로 보라. 거기서 당신은 장미꽃처럼 피어날 수 있다. 세상은 당신이 시범으로 보여줄 수 있는 메시지를 간절히 바라고 있다. 당신의 인생 계획을 쥐고 있던 손을 놓으라. 당신의 뜻은 그냥 제쳐두라. 의지적으로 내려놓으라. 그 대신 당신을 통해 은혜와 능력을 드러내시는 주님을 바라보라. 깜짝 놀라게 될 것이다!

* 제8장 *

# 분란을 일으키는 사람 때문에 곤혹스럽다면?

―――――

## 문제를 일으키는 사람을 상대할 때를 위한 하나님 말씀

모든 신자는 뱀같이 지혜롭고 비둘기같이 순결하도록 부름을 받았다(마 10:16 참고). 부드러운 마음과 질긴 가죽이 우리에게 둘 다 필요하다. 양자택일이 아니라 양수겸장이다. 사랑과 징계, 긍휼과 단호함, 수용과 분별이 각각 짝을 이루어야 한다. 사람을 은혜로 대하되 파괴적 비판에는 무뎌져야 한다. 진정한 사랑과 따뜻한 자비를 실천함과 동시에 누구에게도 지배나 조종을 당해서는 안 된다.

    이런 균형을 유지하기란 쉽지 않다. 우리는 친절을 베풀면서도 충분히 분별해야 한다. 그래야 기만을 간파하고 그것을 언제 지적해야 할지를 알 수 있다. 말썽을 일삼는 사람들은 대개 숨어서 교회나 기타 사역 기관에 불화를 조장한다. 나의 한 스승은 "빛이 있는 곳에는 벌레가 꼬이기 마련이다"라고 말씀하시곤 했다.

사노라면 한 번쯤 우리도 다 고의로 불화를 조장하는 사람을 상대해야 한다. (공식 직함 여부를 떠나) 당신이 지도자라면 책임이 더 추가된다. 그런 까다로운 사람이 집단 전체에 독소를 퍼뜨리지 못하게 해야 한다.

## 지도자에 관한 두 가지 현실적 사실

까다로운 사람을 상대할 때 잊지 말아야 할 점이 두 가지가 있다.

### 지도자는 주요 과녁이다

강력한 지도자가 훌륭하게 이끌어 꼭 필요한 변화를 이룰 때마다, 반드시 그 지도자는 가슴에 보이지 않는 커다란 과녁판을 붙이고 살아간다. 이에 관하여 오스왈드 샌더스는 고전 『영적 지도력』에 이렇게 썼다. "하나님의 나라에서 지도자가 되려면 기꺼이 남보다 값비싼 대가를 치러야 한다. 참된 지도력에는 큰 희생이 따르며, 지도력이 뛰어날수록 희생도 더 커진다."[1] 지도자일수록 주요 과녁이 된다. 많은 사람의 머릿속 다트판에 지도자의 얼굴이 그려져 있다.

## 절대로 따르지 않으려는
## 소수의 사람은 늘 있기 마련이다

때로 인간은 부정적 습성에 빠져 반항적 태도와 행동을 일삼는다. 대개 자기 과거의 트라우마나 해결되지 않은 분노 때문에 일부러 최대한 고약하게 군다. 그러다 남에게 지적받으면 금세 분통을 터뜨린다. 고질적 말썽꾼의 병폐는 우리 시대만의 문제가 아니다. 죄가 존재한 이래로 반항도 언제나 있었다. 까다로운 사람들은 희한하게도 하나님의 양 떼를 해치는 불화의 주역으로 펄펄 나는 것 같다.

문제는 양인 줄로만 알았던 사람들이 다른 양을 물어뜯을 때 발생한다. 머잖아 알고 보면 그들은 처음부터 양이 아니라 이리였다. 청교도 설교자 토머스 브룩스Thomas Brooks는 "이리가 양을 괴롭히는 것이야 놀랄 일이 아니지만, 양이 다른 양을 괴롭히는 것은 이치에 어긋나고 괴악하다"[2]라고 썼다.

추종자들도 이치에 어긋나고 괴악한 일을 할 때가 있다. 아마 당신도 문제 교회를 직접 경험해보았을지도 모른다. 때로 나는 그런 회중을 가리켜 독성이 있다고 표현한다. 어쩌면 그보다 더 심각할 수도 있다. 혹시 당신과 당신 가족도 양의

탈을 쓴 이리에게 당한다면, 그 결과는 위태로울 것이다. 그렇다면 당신에게 회복과 치유의 시간이 필요하다.

죄가 존재한 이래로 반항하는 사람은 늘 있었고, 지도자가 존재한 이래로 지도자에 맞서 싸우는 사람도 늘 있었다. 그렇다고 비판자는 무조건 다 틀렸거나 고집이 세다는 말이 아니다. 다만 비난으로 일관하는 자세는 그리스도의 몸 된 교회에 들어설 자리가 없다. 그런 적대적인 사람들을 회중 가운데 활보하게 두면 반드시 큰 피해가 따른다. 회개하지 않는 말썽꾼은 남을 조종하여 단체를 분열시킨다. 하나님의 뜻을 원하지 않고 자기 뜻과 방식대로 하려 든다.

## 성경에 등장하는 고질적 말썽꾼들

구약부터 시작하여 신약으로 쭉 훑어나가자. 고질적 말썽꾼은 성경 이야기에 얼마든지 등장한다.

- 미리암과 아론은 모세를 비난했다(민 12:1-2). 지도자 모세가 중대한 시점에 상대해야 했던 고질적 말썽꾼은 바로 가장 가까운 관계인 형과 누나였다. 피를 나눈 그들이 그의 삶을 비참하게 만들었다. 왜 그랬는지 아는가? 그가 고른 아내가 싫어서였다. 지금처럼 그때도 사

람들은 옹졸했다.
- 아간은 약속의 땅 정복과 정착이라는 중요한 사명을 앞둔 여호수아에게 막대한 고통을 안겼다(수 7장). 아간의 반항 때문에 많은 사람이 목숨을 잃었다.
- 사사기에는 하나님의 백성을 많은 우환과 고통에 빠뜨린 말썽꾼이 줄줄이 나열된다. 반항하며 "각기 자기의 소견에 옳은 대로 행[한 사람들]"(삿 21:25)이 책 전체에 널려 있다. 이 구절에 고질적 말썽꾼에 대한 탁월한 정의가 나와 있으니, 곧 제멋대로 사는 사람이다. 이런 태도에서는 선한 결과가 나올 수 없다.
- 다윗은 아들 압살롬 때문에 큰 고초를 겪었다(삼하 15장). 사실 그를 괴롭힌 말썽꾼이 집안에 많았다. 아들 암논은 이복동생 다말을 강간했다. 한편 5장에 살펴본 대로 시므이라는 고약한 말썽꾼은 돌팔매질하며 다윗을 저주했다.
- 욥은 '친구들'의 골치 아픈 충고를 견뎌야 했다. 그들의 조언은 상황에 맞지 않았고 비난조였다.
- 느헤미야는 끈질기게 귀찮게 하는 두 말썽꾼과 부딪쳤다. 예루살렘 성벽을 재건하는 그의 작업을 그들이 작심하고 방해했다(느 4:1-9).
- 말썽꾼 동료들이 왕의 은총을 받는 다니엘을 시기하여, 그들이 그를 무고하는 바람에, 다니엘은 고초를 겪었다

(단 6장).
- 신약으로 넘어오면 예수님은 당대의 말썽꾼인 바리새인과 기타 종교 지도자에게 시종 괴롭힘을 당하셨다. 그들은 그분의 가르침 때문에 그분을 죽이려고 공모하여 결국 피를 부르고야 만다(마 12:14).
- 초대교회는 거짓 가르침을 퍼뜨리는 이단과 싸워야 했다. 강건하던 여러 교회에 이리가 출현했고, 율법주의자가 하나님의 양 떼를 조종했으며, 변절자가 몰래 속이고 들어와 해를 끼쳤다. 일부러 성령의 연합을 지키지 않는 싸움꾼들도 있었다(마 7:15, 갈 5:7-12).
- 요한은 악명 높은 디오드레베를 상대해야 했다. 초대교회의 고질적 말썽꾼인 그는 요한의 표현으로 "으뜸 되기를 좋아하는"(요삼 1:9) 자였다. 신약 학자이자 침례교 신학자인 A. T. 로버트슨A. T. Robertson의 책에 이 본문에 대한 흥미로운 이야기가 나온다. "40년쯤 전에 나는 교단 신문에 디오드레베에 대한 기사를 썼다. 그런데 편집자가 내게 하는 말이, 집사 25명이 그 글로 인신공격을 당했다며 항의의 표시로 신문을 끊었다고 했다."[3]
- 사도 바울은 교활한 말썽꾼인 구리 세공업자 알렉산더가 "내게 해를 많이 입혔"(딤후 4:14)다며 젊은 디모데에게 그를 주의하라고 경고했다.

안타깝게도 디오드레베와 알렉산더와 같은 정신을 가진 사람은 여전히 많이 있기에, 이런 부류의 사람들 때문에 오늘날 많은 기관과 교회가 혼란에 빠진다. 현재 그런 사람을 상대하고 있는 목사들의 사연을 모두 열거하자면 끝이 없다. 하나같이 다 비통한 사연이다! 그런 고질적 말썽꾼은 교회의 대장으로 자임하면서, 양 떼를 지배하여 사역에 막대한 피해를 주려고 한다. 다행히 하나님은 이런 유해 인물을 다루고 잘못을 지적하는 일을 우리의 재주에 맡겨두지 않으셨다. 그분이 보여주신 더 좋은 길이 엄중한 경고로 나와 있다.

## 하나님의 말씀에 나와 있는 경고

감사하게도 사도는 로마서를 쓸 때 중대한 교리만 다룬 게 아니라 매우 사적인 문제도 포함했다. 사역은 신학적 문제로 국한되지 않는다. 사역은 대부분 그런 심오한 신학적 개념을 사람들의 일상생활과 경험 속에 옮겨놓는 일이다. 바로 그 부분에서 사역은 복잡해진다. 지저분해진다는 표현이 더 적합하겠다. 물론 사역에는 기쁜 기적의 순간도 있다. 그러나 내가 예전부터 말해왔듯이, 하나님과 함께 지내기가 그분의 사람들과 함께 지내기보다 훨씬 쉽다. 그중에서도 가장 까다로운 사람들은 소위 회개하지 않는 말썽꾼 부류다. 바울은 로마 신자들에게 보낸 편지에서 바로 그 주제를 다루었다. "형제들아, 내가 너희를 권하노니 너희가 배운 교훈을 거슬러 분쟁을 일으키거나 거치게 하는 자들을 살피고 그들에게서 떠나라"(롬 16:17).

"분쟁"으로 번역된 원어는 '불화'를 뜻한다. 사람들을 갈라놓고 대립시킨다는 의미다. 이 헬라어 단어는 이곳과 갈라디아서 5장 20절에만 나오는데, 후자에 바울이 기술한 사람들은 육신에 지배당하여 몸 된 교회의 연합을 깨뜨리기로 유명했다. 그런 사람은 연합을 원하지 않고 이간질에 능하다. 남을 지배하려 들면서 자꾸 불화를 조장한다. 하나님의 양 떼 사이에 문제를 일으키면서 병적인 쾌감을 맛본다. 로마서 16장 17절에 바울은 그들을 살피라고 경고했다. 내 성경책의 그 단어 옆 여백에 나는 "주의를 기울일 것!"이라고 써놓았다.

당신이 지도자라면 양 떼를 지키고 그들의 언행에 주의를 기울일 의무가 있다. 염탐하기 위해서가 아니라 아무도 말썽꾼에게 학대나 이용이나 조종을 당하지 않게 하기 위해서다.

바울은 그런 말썽꾼이 하나님의 백성을 교리적으로 오도할 위험성을 특히 우려했다. 이 경우 하나님의 백성을 누가 가르쳤던가? 다름 아닌 사도 바울이었다. 그는 이렇게 말한 셈이다. "공책을 다시 펴서 너희가 필기했던 내용을 복습하라. 내가 가르쳐준 것과 반대되는 말이 들리거든 조심하라! 그 교사를 가볍게 여기지 말라. 그냥 웃으며 외면하지 말라.

못 본 체하지 말고 주의를 기울이라. 그들은 거짓 정보를 퍼뜨리고 있다. 지금 너희가 누리는 교제를 머잖아 그들이 망쳐 놓을 것이다." 로마서 16장에 바울은 신자들에게 그런 사람을 떠나라고 경고한다. 그 경고와 더불어 몇 가지 준엄한 고발이 나온다.

- 그들은 우리 주 그리스도를 섬기지 않는다(18절).
- 그들은 사리사욕을 좇는다(18절).
- 그들은 교활한 말과 아첨하는 말을 동원한다. '아첨하는 말'에 해당하는 헬라어 단어 '율로기아'(*eulogia*)는 청중을 조종하려고 알랑거리는 말투를 가리킨다(18절).

이렇게 그리스도의 몸 된 교회에 분열을 일으키는 사람을 다루는 전략으로 바울은 두 가지를 제시했다.

1) 관찰: 그런 사람을 살피라(17절).
2) 절교: 그렇게 행동하는 사람에게서 떠나라(17절).

지극히 현실적인 문제인 기만에 대해 여기서 몇 마디 해 두어야겠다. 수많은 그리스도인이 이간질에 넘어가는 이유는 성경을 잘 모르기 때문이다. 그들은 영적 뿌리가 얕으며,

이제 막 성숙한 삶을 향해 자라기 시작했다. 이런 그리스도인이 회개하지 않는 말썽꾼의 영향 아래 놓이면 지극히 취약해진다. 말썽꾼이 교묘한 수작으로 노리는 대상은 순진하여 속기 쉽고 아직 미숙한 그리스도인이다.

분열을 일으키는 사람일수록 대개 카리스마가 넘친다. 그들은 설득력 있게 말하지만, 온통 거짓투성이다. 거짓말쟁이이자 거짓의 아비인 사탄이 그들의 아비이기 때문이다(요 8:44 참고).

주의를 기울이라. 속이는 사람과는 일절 가까이하지 말라. 친구가 되거나 교제하지도 말라. 알고 보니 속이는 사람이거든 즉시 행동을 취하라! 그렇지 않으면 그들이 당신을 이용할 것이다. 겉으로는 아주 친한 척하면서 당신의 영혼을 훔칠 것이다. 당신의 약점을 노려 평안과 안정을 앗아갈 것이다. 그뿐 아니라 그들은 당신의 자녀에게까지 해를 입힐 것이다.

그러니 사도 바울이 그토록 단호하게 경고할 만도 했다. 회개하지 않는 말썽꾼의 영향에 놀아나면 너무 많은 것이 위태로워진다.

### 초대교회의 사례

디도에게 편지를 쓸 때 바울은 사역자 디도도 잘되고 자신이 구상하던 사역도 잘되기를 바랐다. 디모데전후서의 정황은 꽤 알려져 있지만, 디도서에 대해서는 우리가 아는 게 별로 없다. 분량도 적어서 세 장밖에 안 되는 데다 바울이 편지를 쓰게 된 구체적 계기도 잘 알려지지 않았다. 다만 디도서의 메시지는 단순하며, 바울이 로마 신자들에게 말썽꾼을 조심하라고 경고하면서 다루었던 주제가 똑같이 등장한다. 이 사적이고도 절절한 편지의 첫머리에 이미 이야기의 큰 줄기가 드러난다.

> 하나님의 종이요 예수 그리스도의 사도인 나
> 바울이 사도 된 것은 하나님이 택하신 자들의
> 믿음과 경건함에 속한 진리의 지식과 영생의 소망을
> 위함이라…같은 믿음을 따라 나의 참 아들 된
> 디도에게 편지하노니(딛 1:1-2, 4).

분명히 바울과 디도는 특별한 관계였다. 디도를 인도하여 예수 그리스도를 믿게 한 사람도 바울이었을 것이다. 그가 언급한 부자 관계에서 둘의 친밀함과 애정을 엿볼 수 있다. 일찍이 바울은 디도에게 목회 사역을 위임했다. "내가 너를 그레데에 남겨둔 이유는 남은 일을 정리하고 내가 명한 대로 각 성에 장로들을 세우게 하려 함이니"(딛 1:5).

아마 디도는 크레타(그레데)섬에서 사역하던 중에 스승의 이 편지를 받았을 것이다. 섬 사역에는 특유의 도전이 따른다. 디도도 그런 환경에서 사역을 일구느라 힘들었을 것이다. 이 젊은 목사가 우선으로 해야 할 일은 경건한 지도자들을 선발하는 것이었다. 스승이자 길잡이인 사도 바울이 그를 크레타에 보낸 이유는, 자격을 갖춘 장로들을 세워 교회를 안정시키기 위해서였다. 아울러 교회들을 제대로 운영하는 일도 빼놓을 수 없었는데, 바울은 이를 "정리하고"(딛 1:5)라고 표현했다.

그전에 바울이 그 섬에 가서 사역을 시작했다. 교회가 개척되고 일도 계속되었지만, 어떤 부분은 미완으로 남았다. 그래서 바울은 디도를 거기에 남겨 자신이 시작했던 일을 마무리하게 했다. 중간에 뭔가 틀어졌으므로 전부 도로 바로잡는 것이 디도의 임무였다. 이는 절대 쉬운 일이 아니며, 특히 경험이 부족한 젊은 목사에게는 더하다. 물론 디도의 주위에 그 과정을 도울 다른 사람들이 있었을 것이다.

바울에 따르면 디도의 주요 사명은 크레타에 남아 "장로들을 세우[는 것]"(딛 1:5)이었다. 중요하게 주목할 점이 있는데 초대교회의 장로는 투표로 선출하지 않고, 일일이 신중하게 지명했다. 장로 지명은 오랜 시간이 걸리는 장기적 과정이며, 장로에게 일할 능력을 주시는(딤후 1:6-7 참고) 성령의 인도하심에 따라 성경의 지침대로 이루어진다. 디모데전서에 바울은 장로 직분을 사모하는 사람에게 요구되는 자질을 열

다섯 가지로 개괄했다. 이 광범위하고도 중대한 요건에 충실하기만 하면, 장로들이 경건한 지혜와 성숙한 감독으로 교회를 잘 돌보고 이끌 수밖에 없다(딤전 3:1-7 참고).

장로 후보를 평가할 때는 성품이 훌륭하고 그리스도와 진지하게 동행하는 사람인지 확인해야 한다. 그의 거래처 사람들을 만나 사회에서 그의 평판이 어떠한지도 알아보아야 한다. 그에 대해 최대한 많이 알아내야 한다. 하나님의 양 떼를 감독할 사람을 세우는 일인 만큼 심사 과정은 필수다. 장로 선출은 인기투표가 아니다. 장로는 성경의 가르침에 헌신하는 사람이라야 하며, 이 기준 하나만으로도 벌써 후보가 소수로 확 줄어든다. 바울이 디모데전서에 밝힌 자격 요건이 디도서에도 되풀이된다.

> [장로는] 책망할 것이 없고 한 아내의 남편이며
> 방탕하다는 비난을 받거나 불순종하는 일이 없는
> 믿는 자녀를 둔 자라야 할지라. 감독은 하나님의
> 청지기로서 책망할 것이 없고(딛 1:6-7).

이런 사람은 많지 않기 때문에 그들을 찾아내 세우는 일은 녹록지 않다. 솔직히 내가 섬겼던 교회들에는 자격 미달인 장로들도 있었다. 대다수 교회에서 장로를 투표로 뽑을 때 사람들이 성경의 기준보다 자신과의 관계를 생각하기 때문이다. 또는 헌금을 많이 하는 후보임을 우연히 알았을 수도 있다. 돈이나 재물이 장로 자격을 평가하는 요인이 되어서는 안 된다. 물론 장로는 베풀 줄 알아야 하지만 부자가 전제 조건은 아니다.

반면에 사람을 대하는 자세는 중요하다. 장로는 주님이나 자신이 섬기는 사람들 앞에서 겸손해야 한다(딛 1:7 참고). 아울러 하나님의 말씀과 성경적 가르침에 대한 장로의 태도야말로 무엇보다도 중요하다.

바울은 이렇게 썼다. "이 말이 미쁘도다. 원하건대 너는 이 여러 것에 대하여 굳세게 말하라. 이는 하나님을 믿는 자들로 하여금 조심하여 선한 일을 힘쓰게 하려 함이라. 이것은 아름다우며 사람들에게 유익하니라"(딛 3:8).

분별력이 중요한 이유가 바로 여기에 있다. 건전한 가르침을 수호하지 않고 교회에 진리를 선포하지 않으면, 너무도 많은 것이 위태로워진다. 사실 장로는 하나님의 말씀에 대한 명확한 이해, 건전한 교리를 지키려는 의지, 그것을 정확히 가르치는 능력과 열정 등을 반드시 갖추어야 한다. 그것이 왜 이렇게 중요할까? 사람들이 특히 회개하지 않는 말썽꾼에게 쉽게 현혹되어 곁길로 벗어날 수 있기 때문이다. 이제 바울은 '본론으로 들어가' 더 격한 반응을 보인다.

우리도 전에는 어리석은 자요 순종하지 아니한 자요

속은 자요 여러 가지 정욕과 행락에 종노릇한 자요
악독과 투기를 일삼은 자요 가증스러운 자요 피차
미워한 자였으나
우리 구주 하나님의 자비와 사람 사랑하심이 나타날
때에 우리를 구원하시되 우리가 행한바 의로운
행위로 말미암지 아니하고 오직 그의 긍휼하심을
따라 중생의 씻음과 성령의 새롭게 하심으로
하셨나니 우리 구주 예수 그리스도로 말미암아
우리에게 그 성령을 풍성히 부어 주사 우리로 그의
은혜를 힘입어 의롭다 하심을 얻어 영생의 소망을
따라 상속자가 되게 하려 하심이라…
그러나 어리석은 변론과 족보 이야기와 분쟁과
율법에 대한 다툼은 피하라. 이것은 무익한 것이요
헛된 것이니라. 이단에 속한 사람을 한두 번 훈계한
후에 멀리하라. 이러한 사람은 네가 아는 바와 같이
부패하여 스스로 정죄한 자로서 죄를 짓느니라(딛
3:3-7, 9-11).

이 마지막 진술은 꼼꼼히 뜯어볼 만하다. 회개하지 않는 말썽꾼이 잔뜩 노리는 대상은 대개 믿음이 약해서 조종당하기 쉬운 사람들이다. 교회의 가르침을 비난하면서 그들을 오류의 길로 이끌려는 것이다.

디도와 디모데의 주변에도 그런 사람들이 있었던 모양이다. 그래서 사역 스승인 사도 바울의 확실한 지침이 필요했다. 여기 주목할 만한 바울의 확언이 있다. 누구든지 성경을 가르치는 사람은 기꺼이 사도의 가르침에 따라야 한다는 것이다(딛 3:8 참고). 아울러 그는 신자들에게 끝없는 변론과 무의미한 논쟁의 어리석은 악순환에 빠지지 말라고 경고했다. 그런 말다툼에서는 선한 것이 나올 수 없다. 한두 번 경고를 받고도 계속 그런 허튼소리로 교회에 분란을 일으키는 사람이 있다면, 그들을 피하고 무시해야 한다(딛 3:10 참고).

이 고도의 강경 발언도 자세히 살펴볼 만하다. 소신이 강한 목사일수록 실없는 다툼과 소소한 논쟁에 빠지기 쉽다. 무엇 하나도 그냥 넘어가지 않고 매사에 너무 심각하기 때문이다. 바울은 우리 모두에게 그러지 말라고 경고한다. 정말이지 사역에서든 삶에서든 싸우지 않는 편이 낫다. 비둘기같이 순결하면서도 동시에 뱀같이 지혜로울 수 있다.

당신이 소매를 걷어붙이고 싸우려는 쟁점이 무엇인지 주의해야 한다. 당신의 반응을 표현하는 방식에는 더 조심해야 한다. 자꾸 문제를 일으키는 사람이 있거든 믿을 만한 사람과 함께 그를 따로 만나 회개할 기회를 주라. 그래도 소용없거든 재차 기회를 주거나 경고하라. 그래도 반응이 없거든 더는 그 사람이나 그 무리와 상종하지 말라!

그런 민감하고 까다로운 대화가 필요할 때, 다행히 우리는 성경에 의지할 수 있다. 회개하지 않는 말썽꾼을 제대로 다루는 과정이 하나님의 말씀에 분명히 나와 있다. 편하게 느껴지지 않더라도 그대로 따르면 확실히 효과가 있다. 목표는 상대를 회개로 이끌어 온전한 교제를 회복하는 데 있다. 그것이 언제나 궁극 목표다.

그나저나 내 경우 그 과정에 눈물 없이 임한 적이 있는지 모르겠다. 그만큼 늘 가슴 아픈 일이다. 잘못을 지적하면 상대에게 내가 재판관 행세를 하는 것처럼 비쳐질 수 있다. 물론 우리는 절대 그런 마음을 품어서는 안 된다. 잘못을 지적할 때는 온유하고 겸손한 자세로 해야 한다고 갈라디아서 6장 1-2절 지침이 나와 있다.

> 형제들아, 사람이 만일 무슨 범죄한 일이 드러나거든
> 신령한 너희는 온유한 심령으로 그러한 자를
> 바로잡고 너 자신을 살펴보아 너도 시험을 받을까
> 두려워하라. 너희가 짐을 서로 지라. 그리하여
> 그리스도의 법을 성취하라.

대화에 임할 때 겸손해야 한다. 다른 상황에서는 당신이 지적받는 쪽이 될 수도 있기 때문이다. 이 주제에 대한 바울의 말은 회개하지 않는 말썽꾼이 "부패하여 스스로 정죄한 자로서 죄를 짓느니라"(딛 3:11)고 마무리된다. 흥미로운 진

술이다. 바울이 쓴 헬라어 동사 '엑스트레포'(*ekstrepho*)는 참되거나 도덕적으로 온당한 것에서 벗어난다는 뜻이다. 저항과 반항이 어디서 비롯되는지를 말해주는 대목이다.

회개하지 않으려는 사람의 삶은 뭔가 크게 잘못되어 있다. 그만큼 성령의 역사하심 앞에 마음이 완고해져 있다는 증거다. 나도 잘못을 지적받은 적이 있을까? 물론이다. 스승들, 진실을 말해줄 만큼 나를 사랑하는 친구들, 아내, 자녀가 모두 정중히 내 잘못을 지적해주었다. 침묵으로 일관하기에는 나를 너무도 사랑해주는 사람들이다. 다행히 경고가 반복될 필요는 없었다. 매번 듣기에 쓰라렸지만, 꼭 필요한 지적이었다. 지적받은 일들을 돌아보면, 내 문제점을 알려준 그들에게 참으로 고마웠던 기억이 여태 생생하다. 하지만 지적의 결과가 늘 좋지만은 않은 법이다. 바울은 회개하지 않는 사람에 대해 경고했다. 그런 사람은 뻔히 잘못인 줄 알면서도 그만둘 마음이 없다. 그래서 잘못을 지적하여 고쳐주기가 심히 어려울 수 있다.

## 유익한 공식

분란의 상황을 피하는 단순한 비결이 하나 있다. 바로 당신이다. 당신이 비결이다. 가장 중요한 것은 당신의 태도다. 당신이 결정해서 취하는 행동이나 반응이다. 가정이나 교회나 사역에 평화와 연합을 원한다면, 그것은 다분히 당신에게 달려 있다.

예로부터 교회에 통용되어 온 유익한 공식이 있다. 의견은 서로 다른데 모두가 대립과 분쟁보다 조화를 원하는 상황이라면, 거의 어디서나 효과가 좋은 공식이다. 당신도 외워서 실천하기를 바란다.

> 본질에는 연합하고
> 비본질에는 관용하며
> 범사에 사랑하라.

텍사스주 프리스코의 우리 스톤브라이어 교회에 속해 있는 사람은 본질적 교리에는 모두 연합되어 있다. 그러나 본질이 아닌 사안도 많이 있다. 교회 정책과 사역 전략의 일점일획에까지 교인들의 의견이 늘 일치하지는 않는다. 하지만 그것은 비본질이다. 그래서 우리는 이견을 품을 자유가 있다. 전반적 사역을 겸손히 지지하면서 그리스도처럼 섬기는 한에는 그렇다. 하지만 그런 이견 때문에 교착 상태에 이르면, 우리는 서로를 그리스도의 사랑으로 대한다.

율법주의자는 매사를 본질로 여기는 우를 범한다. 그런 사람에게 이견을 말하면 당신에게 비판이 돌아온다. 그러나 비본질에는 자유가 허용되어야 한다. 그것이 은혜다. 당신은 문신을 좋아하는데 나는 아닐 수 있다. 문신을 했어도 당신은 내가 섬기는 교회에서 마음껏 섬기고 예배할 수 있다. 그것은 본질이 아니기 때문이다. 더는 비본질을 본질로 둔갑시키지 말라. 그래야 모든 사람에게 더 좋다. 당신의 자녀와 손주, 당신의 종업원, 당신이 섬기는 소그룹 일원에게는 물론이고, 이웃과 친구에게도 좋다.

범사에 사랑의 마음으로 행하면 가정생활도 순조로워진다. 때로 우리는 부모나 조부모로서 그냥 져줄 필요가 있다. 자녀나 손주의 음악 취향이나 머리 길이나 직업 선택 등이 과연 그들과의 관계를 잃을 만한 사유인가?

주님이 싫어하시는 생활 방식으로 당신이 그분 말씀의 교훈과 원리에 어긋나게 살고 싶다면, 그것은 다른 문제다. 본질의 범주에 속하는 심각한 문제다.

하지만 그런 지극히 민감한 문제를 지적할 때조차도 권하노니 당신의 마음을 살피라. 특히 상대가 십대 아이일 때는 더하다. 그들의 스케이트보드나 스마트폰에 성경 구절을 붙여놓지 말라! 단언컨대 그러다 그들을 잃는다. 다시는 관계가 회복되지 않을 수도 있다. 이미 실수했다면 당신이 너무 엄했음을 주님께 자백하고, 결국 주님이 피해자와 화해할 좋은 기회를 주실 때까지 기다리라. 세월이 약이니 서두르지 말고 인내심을 보이라. 그들에게 성장할 시간과 공간을 주라.

정말이지 그러면 후회할 일이 없다.

무슨 일을 하든지 잊지 말고 사랑을 선택하라. 첫째도 사랑이요, 둘째와 셋째와 맨 마지막도 사랑이다. 바울의 이 말을 명심하라.

> 이런 일을 행하는 자를 판단하고도 같은 일을
> 행하는 사람아, 네가 하나님의 심판을 피할 줄로
> 생각하느냐. 혹 네가 하나님의 인자하심이 너를
> 인도하여 회개하게 하심을 알지 못하여 그의
> 인자하심과 용납하심과 길이 참으심이 풍성함을
> 멸시하느냐(롬 2:3-4).

단순하면서도 위력적인 이 지침은 절대 우리에게서 멀리 있지 않다.

> 본질에는 연합하고
> 비본질에는 관용하며
> 범사에 사랑하라.

이제부터 그렇게 하라. 그분도 당신에게 그렇게 해주셨다.

* 제9장 *

# 상사가 불공정하고 무례한 사람이라면?

―――――

직장 문제로 어려울 때를 위한 하나님 말씀

더 좋은 '일의 신학'이 우리에게 필요하다. 기독교와 관련된 직업에 종사하지 않는 모든 사람을 두고 하는 말이다. 즉 설교자, 신학교 교수, 전도자, 선교사, 예배 사역자, 교회 직원 등이 아니라 세상 직업에 몸담은 사람들이다. 그들은 삶 속에 신앙을 잘 실천하여 동료 직원들에게 선한 영향을 끼치고, 그리하여 결국 그리스도의 이름에 영광을 돌리기를 원한다. 바람직한 현상이다.

내게 자신의 이야기를 들려준 어느 젊은 변호사가 생각난다. 아내와 내가 우리 크루즈 사역의 집회에서 만난 그녀는 해당 전문 분야 쪽으로 상당한 수준의 교육을 받았고, 일에 대한 야망과 탁월한 재능도 갖추고 있었다. 그런데 근무 환경이 기독교에 적대적이었다. 동료들은 성공의 사다리를 오르려는 욕구에 너무 경도된 나머지, 정상에 오르기까지 치러야 할 대가에는 별로 신경 쓰지 않았다. 그녀는 자신의 재능과 지위를 주님께 드리면서, 주님이 자신을 그 자리에 두시는 한 주변 사람들에게 말없이 충실한 증인이 되겠다고 아뢰었다. 시간이 가면서 하나둘씩 동료의 삶이 망가졌다. 아니나 다를까 그중 여럿이 힘을 얻고자 그녀를 찾아왔다. 자신들이 원하는 평안과 내공이 그녀에게 있음을 알았기 때문이다. 그녀는 자신이 '일의 신학'을 제대로 정리해본 적이 없다고 털어놓았지만, 자신이 믿는 그리스도의 영향력이 당연히 직장생활을 포함한 삶의 모든 영역에 미쳐야 함을 마음으로 알고 있었다. 나는 이 이야기가 참 좋다!

내가 말하는 일의 신학이란 일터에서 우리의 태도와 행동을 그리스도인답게 이끌어줄 신학적 토대를 가리킨다. 즉 성경의 제반 원리를 사역이 아닌 실제 상황에서 어떻게 실천할 것인가의 문제다. 이는 우리 대부분이 좀처럼 하지 않는 생각이다! 오래전에 더그 셔먼Doug Sherman과 윌리엄 헨드릭스William Hendricks는 『당신의 일은 하나님께 중요하다』(*Your Work Matters to God*)이라는 통찰력 있는 책을 썼다. 거기에 이런 말이 나온다.

날마다 수많은 직장인이 출근하지만, 자신이 온종일 하는 일과 하나님이 원하시는 세상 사이의 연관성을 털끝만큼도 보지 못한다. 예컨대 당신은 보험 판매원인데, 보험이 팔리기를 하나님이 원하시는지 여부를 전혀 모를 수 있다. 보험을 판매하는 일이 하나님께 중요한가? 혹은 그렇지 않은가? 중요하지 않다면 당신은 인생을 허송하는 셈이다. 일의 신학이 분명하지 않으면 이 질문에 답할 수 없고, 따라서 당신의 일에 궁극적 의미를 부여할 근거도 없다.[1]

당신이 바로 이런 상태라면 일의 신학이 필요하다. 당신의 업무가 얼마나 소중한지를 알아야 한다. 그 일이 소위 영적 세계와 무관하더라도 말이다. 당신은 성경을 간행하거나 기독교 노래를 작사하거나 설교를 준비하지 않는다. 또는 사역의 길로 부르심을 받은 학생들을 가르치지도 않는다. 그런 활동이라면 당신도 어렵지 않게 당신의 일이 하나님께 중요하다고 여기겠지만, 사역이 아닌 세속 업무의 영원한 가치에 대해서는 별로 확신하지 못할 수 있다. 그러나 일터에서 보내는 시간이 우리 삶의 높은 비율을 차지하는 만큼 이는 우리가 반드시 성경적으로 사고해야 할 영역이다.

## 일에 대한 성경적 원리

일에 대한 성경적 신학은 계시가 시작되는 '태초'부터 나온다. 성경의 첫 장부터 하나님은 일하신다. 그분은 세상과 그 안의 만물을 창조하셨다. 정말 그분만이 하실 수 있는 일이었다. 성경에 보면 "땅이 혼돈하고 공허하며 흑암이 깊음 위에 있고"(창 1:2)라고 되어 있다. 요컨대 하나님이 일하시기 전에는 땅이 거주에 적합하지 않았다. 그런 환경에는 아무런 생명체도 존재할 수 없었다. 그래서 그분은 일하셨다. 빛을 지으시고, 빛과 어둠을 가르시며, 바다와 육지를 나누시고, 창공과 해안선과 드넓은 평원을 만드셨다. 평원이 성경에는 "뭍"으로 표현되어 있다(창 1:3-10 참고).

창세기 2장 서두에 하나님의 창조 작업이 약술된다. 바로 여기에 일의 신학을 떠받치는 본래의 기초가 나온다. "하나님이 그가 하시던 일을 일곱째 날에 마치시니 그가 하시던 모든 일을 그치고 일곱째 날에 안식하시니라"(창 2:2, 강조 추가).

표현이 이렇게 되어 있어서 참 다행이다. 성령의 감화에 이끌려 모세는 일이라는 단어를 쓰면서 이를 창조와 연관 지었다. 일이 악하다면 하나님도 악을 행하신 셈인데, 그분은 거룩하시므로 그럴 수 없는 일이다. 하나님이 하시는 일은 다 본질적으로 선하므로 일도 선하다.

실제로 하나님은 일이 선하다고 명시하셨다. 성경에 "하나님이 지으신 그 모든 것을 보시니 보시기에 심히 좋았더라"(창 1:31)고 선포되어 있고, 또 "하나님이 그 일곱째 날을 복되게 하사 거룩하게 하셨으니 이는 하나님이 그 창조하시며 만드시던 모든 일을 마치시고 그날에 안식하셨음이니라"(창 2:3)고 했다. 하나님은 자신이 하신 일을 한없이 값지다고 평가하시며 최종 결과를 거룩한 성취라고 선포하셨다. 이에 힘입어 우리는 일의 신학을 정립할 수 있다. 그런데 창세기 3장에 가면 말 그대로 가시가 돋아난다!

> [하나님이] 아담에게 이르시되
> "네가 네 아내의 말을 듣고 내가 네게 먹지 말라 한
> 나무의 열매를 먹었은즉
> 땅은 너로 말미암아 저주를 받고 너는 네 평생에
> 수고하여야 그 소산을 먹으리라.
> 땅이 네게 가시덤불과 엉겅퀴를 낼 것이라.
> 네가 먹을 것은 밭의 채소인즉 네가 흙으로 돌아갈
> 때까지 얼굴에 땀을 흘려야 먹을 것을 먹으리니 네가
> 그것에서 취함을 입었음이라.
> 너는 흙이니 흙으로 돌아갈 것이니라" 하시니라
> (창 3:17-19).

에덴동산에 죄가 들어오면서 모든 것이 달라졌다. 그전에

는 온통 선과 아름다움뿐이었다. 아담과 하와에게 땅은 원시 상태로 존재했다. 잡초와 가시는 하나도 없고 아름다운 식물과 푸른 과실나무 숲만 있는 환경을 상상해보라.

일은 고유의 가치가 있으며 하나님으로 말미암아 거룩해졌다. 그런데 죄가 등장하면서 일이 힘들고 고역스러워졌다. 일이 변질한 이유는 죄 때문이지 일 자체가 악해서가 아님을 명심하라. 이 구분이 중요하다! 게다가 창세기 어디에도 하나님이 일을 저주하셨다는 말은 없다. 뱀과 땅은 그분이 저주하셨으나(창 3:14-19 참고) 일 자체는 여전히 신성하다. 나는 작고한 영국의 작가 도로시 세이어즈Dorothy Sayers가 한 말이 참 좋다. "왜 일하는가?"라는 제목의 강연에서 그녀는 이렇게 말했다.

> 교회가 현실과 가장 괴리된 부분은 세속 직업을 이해하고 존중하지 못했다는 점입니다. 교회는 일과 종교를 따로 놀게 두었습니다. 그러고서 그 결과로 세상의 세속 업무가 순전히 이기적이고 파괴적인 결말로 치닫고, 세상의 전문 지식인 중 태반이 무교이거나 종교에 무관심해지자, 교회는 거기에 놀랍니다. 하지만 이게 놀랄 일입니까? 삶의 9할과 전혀 무관해 보이는 종교에 누군들 계속 호감이 가겠습니까?[2)]

당신의 직종이 무엇이든 그것은 하나님이 당신에게 주신 소명이다. 거기서부터 출발하면 당신이 삶의 태반을 보내는 방식이 완전히 달라질 것이다.

## 성경적인 '일의 신학'

일의 신학을 탄탄하게 정립하는 데 도움이 될 기본 원리를 네 가지로 제시하려고 한다.

### 예수 그리스도는 삶 전체의 주인이시다

그분의 자상한 관심이나 주권적 통치에서 벗어나 있는 것은 없다. 그분은 우리 각자가 날마다 하는 일에 관심이 지대하시다. 당신의 일터가 기독교 분야든 '속세'든 그 일은 그분께 한없이 중요하다. 그래서 당신의 일은 지위나 소득이나 직함과 무관하게 존엄하고 유의미하다.

다시 말해서 하나님은 당신이 하루를 보내는 방식을 중요하게 여기신다. 그분이 보시기에 사소한 직업이란 없다. 모든 일은 그분의 권위와 섭리 아래 있으며, 일에 담긴 하나님의 부르심과 인간의 존엄성은 어느 직종이든 똑같다. 내가 우리 집 위층에 올라가 책상에 앉아 설교를 준비할 때면 하나님이 함께 계신다. 그분이 그곳에서 내 직무의 모든 부분을 감독하고 돌보며 능력을 주신다. 그런데 이는 내가 설교를 준비하는 동안 내 자동차의 브레이크 패드를 교체하는 사람에게도 마찬가지다. 그의 소명도 똑같이 주님에게서 왔다. 그가 근면하고 유능하며 정직하게 일하기에 하나님은 그의 일을 기뻐하신다.

## 삶은 성과 속으로 나누어져 있지 않다

성경에는 그런 구분이 없다. 하나님은 이것을 속되다고, 저것을 신성하다고 하시는 분이 아니다. 직종과 무관하게 당신의 직업은 사소하지 않으며 다른 사람의 직업보다 덜 중요하지도 않다. 내가 사역자로서 하는 일은 당신의 일보다 더 중요하거나 하나님께 더 귀하지 않다. 당신이나 나나 각자의 소명을 다하고 있을 뿐이다.

당신의 일이 곧 소명임을 기억하면 좋다. 그래서 우리는 갖은 애를 써서 자신에게 맞는 일자리를 찾는다. 분야와 관계없이 우리의 일이 신성함은 하나님이 그 일로 불러주셨기 때문이다.

## 일은 원래 악하지 않고 선하다

성경의 가르침대로 우리는 하나님의 동역자다(고전 3:9 참고). 당신이 파는 제품, 조작하는 기계, 가르치는 과목, 짓는 건물 등에서 주님은 목적과 의미를 보신다. 그분이 이 모두를 귀히 보심은 당신이 그분의 뜻을 수행하고 있기 때문이다. 그러므로 그 일은 원래 악하지 않고 선하다. 주님의 영광을 위해서 일한다면, 우리의 일터는 속되지 않고 어디든지 거룩하다(골 3:17 참고).

## 당신이 일하는 방식은
## 당신을 그 일로 부르신 분을 대변한다

우리가 일을 해나가는 방식은 주님을 드러낸다. 우리가 삶 속에서 그분의 부르심을 수행하고 있기 때문이다. 이는 중요한 원리다. 상습적으로 편법을 쓰거나 건성으로 일하는 사람들에게는 따끔한 일침이 될 수도 있다. 당신이 제대로 일하지 않고 있다면, 이는 당신이 일을 별로 중요하지 않게 여기거나 당신의 일에 대한 주님의 목적을 경시하기 때문일 수 있다. 하지만 당신은 하나님이 주신 그 일을 하도록 '안수'를 받았고, 그래서 그분은 당신이 탁월하게 일하기를 기대하신다. 육체 노동자든 전문 사무직이든, 숙련된 교수든 용접 수

습공이든, 치과의사든 배관공이든 당신의 일은 당신의 삶 속에 계신 주님을 드러낸다.

내가 어느 집회에서 이런 내용을 나누었더니 끝날 때 한 남자가 일어나 이렇게 간증했다. "안녕하세요, 제 이름은 조지입니다…. 저는 안수받은 배관공입니다!" 그는 메시지를 제대로 이해했던 것이다! 나는 이런 간증이 참 좋다. 우리에게는 이상하게 들릴지도 모르지만, 하나님의 관점에서 보면 지극히 당연한 말이다. 당신이 일하는 방식 속에 당신을 그 일로 부르신 하나님이 고스란히 드러난다는 사실을 절대로 잊지 말라.

## 직장에서 그리스도인이 하는 역할

일의 기본 신학을 정립했으니 이제 직장에서 우리가 하는 역할 쪽으로 생각을 돌려보자. 신약의 여러 구절을 바탕으로 별도의 두 가지 역할을 강조하고 싶다. 사도 바울도 그런 원리를 염두에 두고 골로새와 고린도 교회의 신자들에게 아래와 같이 썼다.

> 또 무엇을 하든지 말에나 일에나 다 주 예수의
> 이름으로 하고 그를 힘입어 하나님 아버지께

감사하라(골 3:17).

여기서 초점은 "무엇을 하든지"라는 문구에 있다. 같은 장의 몇 구절 뒤에 이런 말도 나온다.

> 무슨 일을 하든지 마음을 다하여 주께 하듯 하고 사람에게 하듯 하지 말라(골 3:23).

고린도전서에도 바울은 똑같이 권면했다.

> 그런즉 너희가 먹든지 마시든지 무엇을 하든지 다 하나님의 영광을 위하여 하라(고전 10:31).

과거에 당신은 이런 구절을 읽으면서 "무엇을 하든지"라는 반복 어구를 간과했을 수 있다. 어쩌면 당신은 자기 일이 중요하거나 귀하다는 확신이 없을지도 모른다. 그렇다면 이렇게 생각해보라. 하나님이 당신에게 맡기신 일이 무엇이든 그것은 그분께 큰 의미와 가치가 있으며, 따라서 세상에도 큰 의미와 가치가 있다. 당신은 궁극적으로 사람을 위해서가 아니라 주님을 위해서 일한다는 자세로 임해야 한다. 당신을 통해 그리스도가 그분의 목적을 이루어가신다는 사실을 이 원리 덕분에 이해할 수 있다.

지구상에 당신은 하나뿐이다. 당신과 같은 특유한 경험과 성격과 재능을 지닌 사람은 세상에 단 한 명뿐이다. 이 사실을 알기에 당신은 무엇을 하든지 하나님의 영광과 명예를 위해서 하지 않을 수 없다. 또 그 생각 하나만으로도 일을 대하는 당신의 태도에 일대 혁신이 이루어진다. 세상이 천지 차이로 달라진다! 당신이 직장에서 주 예수 그리스도의 대리임을 알면, 더는 출근길이 지겹지 않다.

하지만 그리스도인이라고 해서 직장 생활이 힘들지 않은 것은 아니다. 날마다 직장에서 부딪히는 난관이 그리스도를 따른다고 해서 꼭 수월해지는 것도 아니다. 예수님을 마음과 삶에 모셨다고 해서, 보호막에 둘러싸여 자동으로 성공하는 것도 아니다. 그리스도인도 물건을 못 팔거나 배송 상품을 분실하거나 화재로 건물을 잃거나 승진을 못 하거나 부실 관리로 은퇴 연금을 날릴 수 있다. 또는 감원 대상이 되거나 해고를 당할 수도 있다.

더 나아가 신자가 아무리 성실하고 평판이 훌륭해도 그의 상사가 불공정하고 무례하며 심지어 부정직한 사람일 수도 있다. 그러나 이 모든 와중에도 우리는 공손하고 의연하게 주님을 섬긴다. 그분이 맡겨주신 일이 우리 삶을 향한 그분의 완전한 계획과 목적에 부합함을 알기 때문이다. 그런 힘든 상황에서 우리는 어떤 원리를 길잡이 삼아 주님을 높여야 할까? 성경의 가르침을 더 자세히 살펴보자.

## 지도자를 섬기는 그리스도인

다른 사람을 섬기는 하인 또는 종업원에 대한 지침이 성경에 분명히 나와 있다. 다시 바울이 골로새 교인들에게 가르친 내용을 한번 보자.

> 종들아, 모든 일에 육신의 상전들에게 순종하되
> 사람을 기쁘게 하는 자와 같이 눈가림만 하지 말고
> 오직 주를 두려워하여 성실한 마음으로 하라
> (골 3:22).

초대교회 때는 부유하고 영향력 있는 사람들이 노예를 소유했다. 바울은 그런 소유주를 "상전"이라 칭했다. 바울이 말한 원리가 오늘날에는 고용주와 종업원의 관계에 적용된다. 종업원은 늘 모범적 태도로 협력해야 한다. 당신은 회사의 노예는 아니지만 그리스도의 종이며, 따라서 탁월하게 회사를 섬겨야 한다. 그러지 않으면, 솔직히 당신은 구주를 잘못 대변하는 것이다.

당신은 누가 보지 않을 때도 최대한 탁월하게 열심히 일하도록 부르심을 받았다. 일하고 있을 때는 늘 성실해야 한다는 뜻이다. 마지못해서나 억지로 하지 말고 진심을 담아서 일하라. 믿을 만한 사람이 돼라. 자원해서 성심껏 일하라. 이유가 무엇인가? 다시 말하지만, 당신은 어떤 기관을 위해서가 아니라 주님을 위해서 일하기 때문이다. 그분이 당신의 진정하고 궁극적인 고용주시다!

내 사역의 스승이자 오랜 친구인 하워드 헨드릭스Howard Hendricks가 내게 역경 속에서도 탁월하게 일한 어떤 사람의 이야기를 들려주었다. 헨드릭스 박사가 아메리칸 항공의 비행기에 탔는데 한 승객이 못된 행패를 부렸다. 그 남자가 욕을 해가며 승무원에게 무리한 요구를 하는데도, 그 승무원은 참을성 있고 친절하게 그를 섬겼다. 이를 지켜본 헨드릭스 박사는 상황이 마무리된 후에 자리에서 일어나 그 예의 바른 승무원에게 가서 말을 걸었다. 우선 까다로운 승객에게 훌륭히 대처해준 데 감사를 표한 뒤, 항공사 사장에게 그녀를 칭찬하는 편지를 보내겠다며 이름을 물었다. 그러자 그녀는 주저하며 이렇게 말했다. "사실 저는 아메리칸 항공을 위해서 일하지 않습니다. 예수 그리스도를 위해서 일합니다. 그분이 저의 주님과 구주시지요. 저는 업무를 수행하면서 그분을 섬깁니다."

먼 옛날 바울이 했던 말을 얼마나 잘 실천한 모범 사례인가! 그 승무원은 제대로 이해했다. 그리스도를 직무의 중심에 모시면 당신의 태도가 송두리째 달라진다. 자원해서 성심껏 일하게 된다. 그렇게 섬긴다는 것은 직장 일에 마음을 다한다는 뜻이다. 성령 충만한 그리스도인의 근무 태도를 지켜보면, 즉 그 근면함과 인내심과 결연함을 관찰하면, 우리도 감동하여 하나님께 영광을 돌리게 된다. 우리 그리스도인은 매사를 탁월하게 수행하여 최고 수준의 효율성과 더할 나위 없는 성실성의 본보기가 되도록 부르심을 받았다. 아울러 그리스도인 상사도 그와 똑같아야 한다.

### 다른 사람을 섬기는 그리스도인 지도자

당신은 하나님께 부름을 받아 권위 있는 자리에서 일단의 사람을 관할하는 그리스도인 지도자일 수 있다. 이럴 때 당신과 그리스도의 관계에 그리고 당신이 아랫사람을 대하는 방식에 적용되는 원리도 분명히 나와 있다. 종업원이 잘 섬기기 위해 성경의 분명한 지침을 따라야 하듯이, 당신도 맡겨진 사람들을 대할 때 성경의 명령대로 해야 한다. 우선 바울이 골로새서 4장에서 가르친 내용부터 보자.

> 상전[고용주]들아, 의와 공평을 종[종업원]들에게
> 베풀지니 너희에게도 하늘에 상전이 계심을
> 알지어다(골 4:1).

이 정도면 아주 분명하지 않은가? 여기 고용주를 향한 몇 가지 뜨끔한 질문이 있다. 당신은 직원들에게 정의롭고 공정한 보수를 지급하는가? 복지 혜택과 작업 환경 면에서 그들을 존엄하게 대하는가? 그들은 자신이 섬기는 회사와 당신에게 존중받고 인정받는다고 느끼는가? 최대한 잘 생각해본 뒤에 각 질문에 정직하게 답해보라.

바울이 또한 지적했듯이 섬기는 사람치고 상전에게 보고할 책임이 없는 사람은 없다. 결국 우리의 상전은 그리스도이시다. 목사로서 나는 일단의 장로에게 보고할 책임이 있다. 내 삶은 하나님의 부르심으로 엄선된 그들 앞에 다 열려 있다. 우리는 적어도 매달 한 번씩 만나는데, 그들은 언제고 내게 서슴없이 무엇이든 묻는다. 나도 그들의 삶과 관련해 무엇이든 눈에 띄는 대로 서슴없이 말해준다. 우려 사항이 있으면 그들은 내게 지적할 수 있고 실제로 지적한다! 내가 '최종 상전'이 아니기 때문이다. 그들도 최종 상전이 아니기는 마찬가지다. 우리는 똑같이 그리스도를 상전으로 섬긴다. 이 방법은 효과 만점이다. 그분이 이끄시고 우리는 따른다. 우리는 그리스도의 권위 아래서 서로 섬긴다.

내게도 맹점과 과오가 있을 수 있음을 알기에 나는 장로들의 감시를 받는다. 바울도 우리가 모두 인간임을 알고 (특히 고용주인!) 우리에게 "기도를 계속하고 기도에 감사함으로 깨어 있으라"(골 4:2)고 권면했다. 그 덕분에 우리는 초자연적 차원에 머물 수 있다. 사람들의 삶과 생계를 감독하는 중요한 일을 우리 자신의 지혜나 본능으로 수행하지 않는다는 뜻이다. 우리는 다 서로 그리고 하나님의 양 떼를 지극히 존중해야 한다.

당신이 상사라면 부하 직원들을 위해 기도하고 있는가? 그들의 이름을 아는가? 그들의 가정을 위해 기도하는가? 그들이 병들어 아플 때 당신의 관심을 표현하는가? 징계가 필요한 직원에게 어떻게 대응해야 할지를 하나님의 지혜를 구하여 결정하는가? 당신이 기도로 주님을 의지하면, 당신의 리더십 덕분에 누군가의 인생 궤도가 완전히 바뀔 수 있다. 만약에 그리스도가 당신의 자리에 계신다면 어떻게 이끄실까? 당신도 상사로서 그렇게 이끌면 결과가 완전히 달라질 것이다. 상사가 따라야 할 원리가 또 있다. 이 원리는 바울이 에베소 교회에 보낸 편지에 나온다.

> 기쁜 마음으로 섬기기를 주께 하듯 하고
> 사람들에게 하듯 하지 말라. 이는 각 사람이 무슨
> 선을 행하든지 종이나 자유인이나 주께로부터
> 그대로 받을 줄을 앎이라(엡 6:7-8).

핵심 문구를 찾아냈는가? 바로 "기쁜 마음으로"라는 말이다. 나는 자기 일에 열정적인 사람을 보면 참 좋다. 그 사람이 간부나 사장이라면 특히 더하다. 하나님이 맡겨주신 일에 당신이 열정을 품으면 그 열정이 직원들에게로 확산한다. 간

부인 당신의 태도가 나쁘다면 아랫사람에게도 그 이상을 기대하지 말아야 한다. 그러나 당신이 일을 사랑하여 회사의 사명에 정말 기쁘게 충실하면, 그런 자세가 주변에 전염된다.

## 불공정하고 무례한 상사를 섬겨야 할 때

상사가 당신에게 불공정하고 무례할 때는 심각한 문제가 발생한다. 은근히 공격하거나 매정하거나 이기적이거나 부정직한 상사의 수하에 놓인 삶보다 더 힘들고 괴로운 경험은 별로 없다. 이런 곤경에 처할 때는 어떻게 해야 할까? 당신의 태도가 어떠해야 할까? 어떻게 반응해야 할까? 이번에도 성경의 책장 속에 유익한 지침이 있다.

### 목표는 권위를 받아들이고 존중하는 것이다

> 인간의 모든 제도를 주를 위하여 순종하되 혹은
> 위에 있는 왕이나 혹은 그가…보낸 총독에게 하라…
> 뭇사람을 공경하며 형제를 사랑하며 하나님을
> 두려워하며 왕을 존대하라(벧전 2:13-14, 17).

베드로가 이 글을 쓸 당시의 황제는 다름 아닌 네로였다.

로마 제국의 사악하고 비열한 지도자인 그는 그리스도인들을 죽이기로 악명이 높았다. 베드로야말로 까다로운 권위자를 맞상대해야 했다!

> 목표는 좋은 지도자에게만이 아니라
> 나쁜 지도자에게도 순종하는 것이다

> 사환들아, 범사에 두려워함으로 주인들에게
> 순종하되 선하고 관용하는 자들에게만 아니라 또한
> 까다로운 자들에게도 그리하라(벧전 2:18).

이 구절을 다시 읽기 바란다. 이번에는 천천히 소리 내어 읽으라. 이 원리를 적용하기가 불가능하다고 느껴질 때가 있다. 특히 불의한 상사가 같은 신자일 경우에는 더하다. 그리스도인 고용주 중에도 세속적이고 냉소적인 사람이 있다. 그들은 기관 내의 유능한 사람에게 위압감을 느낀 나머지, 고의로 상대를 무시하거나 괴롭히거나 배신할 수 있다.

상사에게 이런 피해를 받으면 괴로움과 환멸이 밀려올 수 있다. 그런 학대 피해자 중에는 노골적인 권력 남용의 여파에서 끝내 다 회복되지 못하는 사람도 있다. 그러나 하나님은 우리가 그런 척박한 상황 속에서도 그분을 섬기기를 원하신다. 우리의 삶을 비참하게 만들려고 작정한 듯 보이는 사람

밑에서 일할 때도 신실하게 우리 구주를 섬기기를 원하신다.

## 목표는 권위에 저항할 때조차도 잘 반응하는 것이다

까다로운 상사에게 부득이 저항해야 할 때도 있다. 그럴 때는 정의감을 행동으로 옮겨 자신을 지켜야 한다. 다행히 이런 쉽지 않은 구분을 내리는 지침도 성경에 나와 있다.

1) 본질적으로 잘못된 일을 요구받았을 때는 저항해야 한다: 하나님의 최고법에 명백히 어긋나는 일은 할 필요가 없다. 다니엘은 다리오 왕에게만 기도하라는 명령을 받았으나 이 땅의 왕에게 절하며 기도하지 않았다. 그 결과 사자 굴에 던져졌다(단 6장 참고). 부도덕한 행위를 거부하면 당신의 일자리를 잃을 수 있다(떳떳한 해고 사유이니 축하한다!). 다니엘의 친구들은 느부갓네살이 세운 금 신상을 경배하라는 명령을 받았으나 거부했다. 우상 앞에 절하지 않았다(단 3장 참고). 결과는 잔혹하고 무서웠다. 부당한 일을 거부하면 당신의 생계가 날아갈 수 있다. 수개월의 급여 손실과 수모까지 감당해야 할 수도 있다. 하지만 당신은 진실성과 존엄성을 얻는다. 악에 저항하고 의를 위해 싸웠으므로 주님의 은

총도 얻는다.

2) 양심에 어긋날 때는 저항해야 한다: 요구받은 일이 옳지 못함을 마음으로 알 때가 있다. 해당 원리가 하나님의 최고법 수준에는 이르지 못하더라도 말이다. 양심에 어긋날 때 적용해야 할 또 다른 원리가 하나님 말씀에 나온다. "사람보다 하나님께 순종하는 것이 마땅하니라"(행 5:29). 사도들은 타락한 종교 지도자들에게 굴해야 할지 아니면 하나님의 최고 명령에 따라야 할지를 결정해야 하는 상황에서 하나님께 순종하는 쪽을 택했다. 선을 행하지 않아 자칫 하나님께 죄를 짓느니보다는 결연히 주님께 순종했다(약 4:17 참고). 양심에 충실했던 셈이다. 꼭 해야 할 일과 해서는 안 될 일을 당신도 심중에 안다. 양심에 어긋날 때는 얼마든지 저항해도 된다. 성 접대를 하거나 성폭행을 허락하는 일도 당연히 여기에 해당한다. 절대 옳지 않은 일이기 때문이다. 당신의 양심이 '이것은 옳지 못하다'라고 말하거든 그 말에 귀를 기울이라!

3) 당신의 악행으로 무죄한 타인이 영향을 받는다면 저항해야 한다: 남에게 해를 입히거나 자신의 이름에 먹칠할 것이 뻔하다면 지시에 따르지 말아야 한다. 당신이 관여한 회사의 결정 때문에 무죄한 사람이 피해를 보거나 타인의 심신이 손상될 때가 있다. 예컨대 사장의 요구대로 편

의상 또는 비용 절감을 위해 필수 안전 절차를 무시한다면, 당신은 많은 무죄한 생명을 위험에 빠뜨리게 된다. 이럴 때는 저항하고 주님을 따르기로 결단해야 한다. 지도자의 비위를 맞출 게 아니라 의지적으로 주님을 기쁘게 해드려야 한다. 물론 대가가 따를 수 있다. 지위나 직급을 잃을 수 있다. 이런 일은 가정에서도 벌어질 수 있다. 가족 중에 당신의 자녀를 성희롱하는 사람이 있다면, 그에게 저항해야 함은 물론이고 즉시 당국에 신고해야 한다. 그리고 당신의 집에서 그 사람을 내보내야 한다. 도움이 필요하거든 경찰을 부르라. 당신에게 얼마든지 그런 범죄 행위에 맞설 권리가 있다. 당신이나 당신의 자녀가 그 사람에게 지배당해서는 안 된다.

이상적인 세상에 살고 싶은 마음이야 누구나 똑같다. 물론 나도 그렇다! 하지만 현실은 그렇지 못하다. 그러니 현실 세계에 살되, 은혜로운 하나님 말씀의 원리를 우리의 길잡이로 삼자.

## 하나님의 자녀를 향한 그분의 목표

하나님이 모든 자녀를 위해 세우신 목표는, 우리를 빚어 그리스도를 닮게 하시려는 것이다. 이 문장을 천천히 생각하며 다시 읽어보라. 그리스도인의 삶의 취지는 우리가 그리스도의 형상으로 변화되는 데 있다. 그 어떤 대가가 따르더라도 말이다. 이 일을 이루시기 위해 하나님은 삶의 모든 요소를 다 쓰실 수 있다. 직장에서 벌어지는 모든 일도 그리스도의 성품을 기르는 우리에게 도움이 될 수 있다. 그야말로 모든 일이다.

그중에는 교만해서 함께 지내기에 즐겁지 않은 동료 직원도 있다. 지도자로서 낙제점인 상사도 있다. 당신의 업무에 수반되는 긴장과 중압감도 있다. 무고나 오해나 누명으로 인한 실직도 있다. 하나님은 이 모두를 쓰셔서 당신 안에 그리스도의 일을 이루실 수 있다.

재정 악화도 당신이 그리스도를 닮아가는 데 일조할 수 있다. '다 된 계약'이 결렬되는 낭패도 당신이 그리스도의 형상으로 빚어지는 과정에 일어날 수 있는 일이다. 당신의 삶을 비참하게 만드는 사람이나, 당연한 승진 대신 찾아오는 좌천도 당신을 빚어가시는 도구로 사용하실 수 있다. 또 당신이 한 일의 공로가 엉뚱한 사람에게 돌아갈 때 하나님은 이를 통해 당신의 성품을 연단하실 수 있다. 부당하게 초과 근무를 해야 한다거나 길고 지루한 일과를 상사가 전혀 몰라준다거나, 남들은 상을 받는데 당신만 받지 못한다거나 다른 사람의 과실 때문에 당신이 부득이하게 사임해야 하는 순간도 그분께 선용될 수 있다. 하나님은 이 모든 상황을 통해 역사하시며 우리를 더 그분의 아들 예수님처럼 되게 하신다. 그분은 절대 기회를 놓치지 않으시고, 우리 삶을 다시 빚어 더 깊어지게 하신다.

결연히 그리스도를 따르며 우리의 태도와 행동으로 그분을 높이면, 그분이 약속대로 우리에게 복을 주신다. 복의 방식과 때가 우리의 예상과 다를지라도 말이다. 이 모두를 통해 그분이 영광을 받으심을 잊지 말라. 그분은 늘 무엇이 최선인지 아신다.

사상 최고의 현인 중 하나였던 솔로몬의 이 예리한 생각을 묵상해보라. "사람의 행위가 여호와를 기쁘시게 하면 그 사람의 원수라도 그와 더불어 화목하게 하시느니라"(잠 16:7). 이것은 빈말이 아니다. 이는 명언으로 그치지 않고 당신의 직장 생활을 더 향상되게 해줄 것이다. 그러니 이 말씀을 자주 주장하라.

마지막으로 당신에게 해주고 싶은 말이 있다. 하나님은 주권자시고 선하시다. 우리의 사정을 다 아시며 신실하시다. 하나님이 하나님이시고, 당신은 하나님이 아니다. 이 사실을 명심하면 직장 생활이 제자리를 찾아갈 것이다.

* 제10장 *

# 스토킹을 당하여
# 신변의 위협을 느낀다면?

---

범죄의 대상이 됐을 때를 위한 하나님 말씀

오래전에 섬뜩한 폭력 사건이 세상을 충격에 빠뜨렸다. 1964년 3월 13일 키티 제노비스Kitty Genovese라는 여성이 자신의 직장인 뉴욕시의 술집을 떠나 집으로 향했다. 정지 신호에서 기다리고 있던 그녀를 윈스턴 모슬리Winston Morseley가 자신의 주차된 차 안에서 알아보았다. 제노비스는 새벽 3시 15분경에 집에 도착하여, 자신의 아파트에서 30미터쯤 떨어진 주차장에 차를 댔다. 그녀가 아파트 단지로 걸어가고 있는데 모슬리가 차에서 나와 사냥칼을 들고 접근했다.

모슬리는 제노비스를 쫓아가서 붙잡고는 칼로 등을 두 번 찔렀다. 그녀는 "맙소사, 칼에 찔렸어요! 도와주세요!"라고 외쳤다.

이웃의 반응에 대해서는 증언이 엇갈린다. 한편에서는 그녀가 도와달라고 부르짖는 소리를 여러 이웃이 들었으나, 그들이 창문을 닫고 키티를 도우러 나오지 않았다고 증언했다. 여러 목격자에 따르면, 모슬리는 차를 타고 떠났다가 10분 후에 다시 돌아왔다.

그때 제노비스는 거의 의식을 잃고 건물 뒤쪽의 복도에 쓰러져 있었는데, 모슬리는 그녀를 마구 찌르고 강간하고 지갑에서 49달러를 훔친 뒤에 달아났다. 강간 직후에 키티의 이웃이 그녀를 발견하여 경찰이 올 때까지 머리를 두 팔로 안고 있었다. 그러나 너무 늦었다. 제노비스는 병원을 몇 블록 남겨놓고 구급차 안에서 숨을 거두었다. 난폭한 스토커가 저지른 소름 끼치는 범죄에 희생된 것이다.[1]

미국 범죄 피해자 보호센터에서 정의하는 스토킹이란 "피해자에게 위협이나 두려움을 가하는…두 사람 사이의 사실상 모든 원치 않는 접촉"[2]이다. 스토킹에 해당하는 행위는 무엇일까?

- (대놓고 또는 은근히) 위협한다.
- 피해자를 쫓아다니거나 숨어서 기다린다.
- 재산상의 피해를 준다.
- 인격을 모독한다.

- 피해자의 신상 정보를 공개하거나 소문을 퍼뜨린다.
- (우편이나 이메일로) 협박 편지를 보낸다.
- 프라이버시를 침해한다.
- 사이버 스토킹.
- 폭력 행위를 저지른다.
- 집요하게 괴롭힌다.[3]

대다수 스토커는 상대를 꽤 잘 아는 사람이다. 그들의 의도는 피해자에게 두려움을 심어주고 종종 몸에 상처를 내거나 죽이려는 것이다. 스토킹은 교묘히 은폐될 수도 있고 무모히 공개될 수도 있다. 본인이 직접 할 수도 있고 다른 사람에게 시킬 수도 있다.

나도 스토킹을 당해봐서 이 문제에 깊이 공감한다. 오래 전에 어떤 사람이 우리 부부를 스토킹하며 안전을 위협했다. 신시아와 나는 우리 자신과 가정을 어느 만큼까지 보호해야 할지 몰라 몹시 조마조마했다. 내 가족도 몇 번 스토킹을 당한 적이 있는데, 매번 우리는 모두 심한 스트레스를 받았다.

스토킹을 당하는 경험은 대다수 사람에게 비교적 드물지만, 외부의 위협 때문에 느끼는 불안 심리는 누구나 한 번쯤은 겪어봤을 것이다. 그런 경험에 수반되는 무력감과 두려움은 신경 쇠약으로까지 이어질 수 있다. 전쟁의 참상, 심각한 괴롭힘, 학대 등에 안전을 위협당한 여파로 외상후스트레스 증후군을 겪는 사람도 있다. 배우자나 자녀를 비운에 잃고, 세상이 다 무너진 것만 같아 중증 불안 장애나 공황 장애를 앓는 사람도 있다.

스토킹을 당한 적은 없더라도 신변의 위협을 느끼거나 안전하지 못하다고 느낀 적은 있을 것이다. 이번 장에 나오는 여러 원리는 그럴 때 도움이 될 수 있다.

## 성경에 나오는 스토킹의 사례

스토킹은 새삼스러운 현상이 아니다. 사실 세상에 죄가 존재한 이래로 스토킹도 늘 있었다. 성경에 기록된 사례만도 놀랄 정도로 많다. 구약부터 시작하여 성경을 쭉 훑어보니 그 목록이 상당히 길다.

- 보디발의 아내는 요셉을 유혹하여 불륜을 맺으려고 그를 스토킹했다(창 39장).
- 블레셋 사람들은 들릴라를 이용하여 삼손을 무너뜨리려고 그를 스토킹했다(삿 16장).
- 엘리의 아들들은 성막에 예배드리러 오는 여자들을 스토킹하여 꾀어내 욕보였다(삼상 2장).

- 사울 왕은 질투와 시기 때문에 12년 가까이 다윗을 스토킹했다(삼상 18-26장).
- 다윗이 왕이 된 후에 그의 아들 암논은 이복동생 다말을 스토킹하여 결국 강간했다(삼하 13장).
- 이세벨은 선지자 엘리야를 위협해서 죽이려고 그를 스토킹했다(왕상 18-19장).
- 산발랏과 도비야와 게셈은 느헤미야가 예루살렘 성벽의 재건을 감독하는 동안 그를 스토킹했다(느 4-6장).
- 다리오의 참모들은 질투심에 주님의 종 다니엘을 왕 앞에 반역죄로 고발하려고 그를 스토킹했다(단 6장).

신약에도 몇 가지 사례가 나온다.

- 예수님은 이 땅에 사시는 내내 끊임없이 스토킹을 당하셨다. 심지어 아기셨을 때는 헤롯이 그분을 스토킹했다(마 2장).
- 성인이 되신 예수님은 바리새인, 사두개인, 서기관 등 그분의 사역을 대적하는 부류에게 스토킹을 당하셨다(마 22장, 요 11장).
- 헤로디아는 세례 요한에게 지독한 원한을 품고 그를 스토킹했다. 그녀의 사주로 딸이 헤롯 앞에서 요염한 춤을 추었고, 그 결과 요한은 나중에 참수되었다(막 6장).

- 사도행전의 초대교회에 큰 박해가 일어났을 때 복음의 적들은 그리스도인들을 스토킹하여, 예루살렘의 집에서 쫓아내고 유대와 사마리아와 그 너머에서까지 잡아다 투옥했다(행 8장).
- 다소의 사울은 다메섹의 그리스도인들을 옥에 가두고 죽이려고 그들을 스토킹했다(행 9장).
- 사울도 나중에 그를 죽이려는 다메섹의 유대인들에게 스토킹을 당했다(행 9장).
- 헤롯 아그립바는 사도 야고보와 베드로를 비롯한 초기 그리스도인들을 스토킹하고 박해했다(행 12장).
- 빌립보의 고위 관리들은 바울과 실라를 스토킹하여 나중에 차꼬에 채우고 매로 쳤다(행 16장).
- 바울은 "구리 세공업자 알렉산더가 내게 해를 많이 입혔으매…그가 우리 말을 심히 대적하였느니라"(딤후 4:14-15)고 썼다. 이 사람의 행동에는 틀림없이 바울에 대한 스토킹도 들어 있었다.
- 교회 지도자 디오드레베는 사도 요한이라면 질색했고, 많은 신자를 교회에서 쫓아내고 비방하여 전체적으로 그들의 삶을 비참하게 만들었다. 그의 악랄하고 세속적인 모든 행동이 스토킹에 해당한다(요삼 1:9-10).
- 장차 적그리스도는 신자들은 물론이고 자신을 경배하지 않는 모든 사람과 싸우고, 그들을 스토킹하여 결국

죽일 것이다(계 13장).

그러나 성경에서 스토킹의 주제를 예시해주는 대표적인 기사는 아마 선지자 엘리야가 이세벨에게 당한 스토킹일 것이다. 고집불통인 이스라엘 왕 아합의 아내였던 이세벨은 뼛속까지 악했다.

## 엘리야가 당한 스토킹

오늘날 이스라엘의 갈멜산 정상에는 선지자 엘리야의 인상적인 동상이 마치 길게 뻗어나간 푸르고 기름진 이스르엘 골짜기를 굽어보듯 우뚝 서 있다. 그곳은 하늘의 전능하신 하나님과 바알의 이교 선지자들 사이에 벌어진 진검승부를 기념하는 유적지다. 갈멜산에서 엘리야가 전면에 나서서 하늘에서 불이 내려오기를 기도하자, 하늘이 열리고 하나님이 신원(伸寃)되셨다. 이 행위를 통해 선지자는 인간이 헌신하여 경배할 만한 신은 하나뿐임을 단번에 증명했다. 그분은 바로 그가 섬기던 전능하신 여호와 하나님이었다.

엘리야와 아합 왕은 이 갈멜산 사건이 있기 전에도 조우한 적이 있었다. 그때 하나님은 엘리야를 아합 왕에게 보내 앞으로 몇 년 동안 그 땅에 기근이 임할 것을 선고하게 하셨다(왕상 17:1 참고). 얼마 후 엘리야는 하나님의 지시로 아합을 다시 찾아가 그분이 비를 내려주실 것을 알린다. 그런데 아합은 좋아하기는커녕 선지자를 만나러 나가서 "이스라엘을 괴롭게 하는 자여, 너냐"(왕상 18:17)라고 엄포를 놓는다. 아합 왕은 몰랐지만 엘리야는 괴롭게 하는 자가 전혀 아니었다. 땅에 비가 내리지 않게 할 능력이 그에게는 없었다. 그 능력은 전능하신 하나님께 속한 것이었다.

> 그가 대답하되 "내가 이스라엘을 괴롭게 한 것이 아니라 당신과 당신의 아버지의 집이 괴롭게 하였으니 이는 여호와의 명령을 버렸고 당신이 바알들을 따랐음이라. 그런즉 사람을 보내 온 이스라엘과 이세벨의 상에서 먹는 바알의 선지자 사백오십 명과 아세라의 선지자 사백 명을 갈멜산으로 모아 내게로 나아오게 하소서." 아합이 이에 이스라엘의 모든 자손에게로 사람을 보내 선지자들을 갈멜산으로 모으니라. 엘리야가 모든 백성에게 가까이 나아가 이르되 "너희가 어느 때까지 둘 사이에서 머뭇머뭇하려느냐. 여호와가 만일 하나님이면 그를 따르고 바알이 만일 하나님이면 그를 따를지니라" 하니 백성이 말 한마디도 대답하지 아니하는지라(왕상 18:18-21).

엘리야는 명백히 하늘의 하나님만이 하실 수 있는 일을 바알도 할 수 있는지 시험해보기로 했다. 바로 하늘에서 불을 내려 모든 것을 사르는 일이었다. 그래서 그는 이교 선지자들에게 "먼저" 준비해서 신들을 불러보라며 비웃었다(왕상 18:25). 이교 선지자들을 조롱하는 엘리야를 지켜보며, 아합이 얼마나 분노로 치를 떨었을지 충분히 상상할 수 있다.

> 정오에 이르러는 엘리야가 그들을 조롱하여 이르되 "큰 소리로 부르라. 그는 신인즉 묵상하고 있는지 혹은 그가 잠깐 나갔는지 혹은 그가 길을 행하는지 혹은 그가 잠이 들어서 깨워야 할 것인지" 하매.
> 이에 그들이 큰 소리로 부르고 그들의 규례를 따라 피가 흐르기까지 칼과 창으로 그들의 몸을 상하게 하더라. 이같이 하여 정오가 지났고 그들이 미친 듯이 떠들어 저녁 소제 드릴 때까지 이르렀으나 아무 소리도 없고 응답하는 자나 돌아보는 자가 아무도 없더라.
> 엘리야가 모든 백성을 향하여 이르되 "내게로 가까이 오라." 백성이 다 그에게 가까이 가매 그가 무너진 여호와의 제단을 수축하되 야곱의 아들들의 지파의 수효를 따라 엘리야가 돌 열두 개를 취하니 이 야곱은 옛적에 여호와의 말씀이 임하여

이르시기를 "네 이름을 이스라엘이라 하리라" 하신
자더라. 그가 여호와의 이름을 의지하여 그 돌로
제단을 쌓고 제단을 돌아가며 곡식 종자 두 세아를
둘 만한 도랑을 만들고 또 나무를 벌이고 송아지의
각을 떠서 나무 위에 놓고 이르되 "통 넷에 물을
채워다가 번제물과 나무 위에 부으라" 하고.
또 이르되 "다시 그리하라" 하여 다시 그리하니
또 이르되 "세 번째로 그리하라" 하여 세 번째로
그리하니 물이 제단으로 두루 흐르고 도랑에도 물이
가득 찼더라.
저녁 소제 드릴 때에 이르러 선지자 엘리야가
나아가서 말하되 "아브라함과 이삭과 이스라엘의
하나님 여호와여, 주께서 이스라엘 중에서
하나님이신 것과 내가 주의 종인 것과 내가 주의
말씀대로 이 모든 일을 행하는 것을 오늘 알게
하옵소서. 여호와여, 내게 응답하옵소서, 내게
응답하옵소서. 이 백성에게 주 여호와는 하나님이신
것과 주는 그들의 마음을 되돌이키심을 알게
하옵소서" 하매.
이에 여호와의 불이 내려서 번제물과 나무와 돌과
흙을 태우고 또 도랑의 물을 핥은지라. 모든 백성이
보고 엎드려 말하되 "여호와 그는 하나님이시로다.

여호와 그는 하나님이시로다" 하니.
엘리야가 그들에게 이르되 "바알의 선지자를 잡되
그들 중 하나도 도망하지 못하게 하라" 하매 곧
잡은지라. 엘리야가 그들을 기손 시내로 내려다가
거기서 죽이니라(왕상 18:27-40).

아합은 자기 신이 참 하나님께 보기 좋게 패하는 모습을 지켜본 것으로도 모자라 또 다른 모욕까지 견뎌야 했다. 참 하나님이 가뭄을 정말 종식하신 것이다. 이 역시 바알은 능히 할 수 없는 일이었다.

> 엘리야가 아합에게 이르되 "올라가서 먹고
> 마시소서. 큰 비 소리가 있나이다."
> 아합이 먹고 마시러 올라가니라. 엘리야가 갈멜산
> 꼭대기로 올라가서 땅에 꿇어 엎드려 그의 얼굴을
> 무릎 사이에 넣고 그의 사환에게 이르되 "올라가
> 바다 쪽을 바라보라."
> 그가 올라가 바라보고 말하되 "아무것도
> 없나이다."
> 이르되 "일곱 번까지 다시 가라." 일곱 번째
> 이르러서는 그가 말하되 "바다에서 사람의 손만 한
> 작은 구름이 일어나나이다."

이르되 "올라가 아합에게 말하기를 '비에 막히지
아니하도록 마차를 갖추고 내려가소서' 하라"
하니라.
조금 후에 구름과 바람이 일어나서 하늘이
캄캄해지며 큰 비가 내리는지라. 아합이 마차를
타고 이스르엘로 가니(왕상 18:41-45).

아합은 굴욕감과 분노에 차서 집으로 돌아가 갈멜산의 참혹한 경험에 대해 아내 이세벨에게 푸념했다. 내 생각에 이세벨과 아합은 늘 구약의 '보니와 클라이드'였다(강도와 살인 행각을 일삼은 미국의 범죄자 커플-역주). 정말 타락한 부부였다! 극악무도하기로 악명을 떨친 그들은 무슨 수를 써서라도 엘리야를 세상에서 제거하기로 했다.

이세벨은 이렇게 엘리야의 사형 집행 영장을 송달했다. "내가 내일 이맘때에는 반드시 네 생명을 저 사람들 중 한 사람의 생명과 같게 하리라. 그렇게 하지 아니하면 신들이 내게 벌 위에 벌을 내림이 마땅하니라"(왕상 19:2). 그야말로 스토커의 협박이다.

그런데 성경에 엘리야가 이후에 보인 행동을 "이 형편을 보고 일어나 자기의 생명을 위해 도망하여"(왕상 19:3)라고만 기록했다. 한때 용감하게 바알 신들에 맞서던 선지자가 이제 겁에 질린 도주자가 되었다. 복수심에 찬 사악한 적에게 스토킹을 당하자 꿈이고 뭐고 다 버리고 달아난 것이다.

잠시 멈추어 엘리야의 입장이 되어보라. 당신이라면 어떻게 하겠는가? 만약에 당신이 스토킹을 당하여 신변의 위협을 느낀다면 어떻게 대처하겠는가? 당신이 두려울 때 충동적으로 반응하는 편이라면, 아마 당신도 엘리야처럼 '걸음아, 날 살려라' 하고 달아날 것이다. 엘리야는 이세벨의 위협에 넘어가 의외로 신앙 없는 반응을 보였다. 용사라도 얼마나 금세 넘어질 수 있는가!

### 위기에 잘못 대처한 엘리야

이세벨은 남편이 갈멜산에서 수모당한 데 격분하여 하나님의 선지자를 죽일 음모를 꾸몄다. 이에 대한 엘리야의 반응에서 세 가지 중대한 과오를 눈여겨볼 만하다. 특히 스토킹 피해를 보는 이들에게 좋은 교훈이 될 것이다.

#### 1. 엘리야는 수평적 상황에만 집중했다

두려움은 늘 우리의 믿음을 마비시켜 약해지고 무력하게 한다. 하나님의 개입 대신 상황에 초점을 맞출 때마다 우리는 우위를 잃는다. 스토킹이라는 현실적 위협 앞에서 우리는 신중하게 조치하는 동시에, 자기 안전을 주님께 의탁해야 한다. 그 둘 사이에 균형을 이루어야 한다. 엘리야는 이 부분에서 실패했다. 수평적 상황에 집중하느라 다음과 같은 판단 착오에 빠졌다.

- 담대한 믿음 대신 불합리한 두려움에 지배당했다.
- 주님을 바라본 게 아니라 안전하게 자신의 정체를 숨기려 했다.
- 주님께 부르짖은 게 아니라 죽여달라고 기도했다.

엘리야가 이렇게 기도했더라면 얼마나 좋았을까. "오 하나님, 제단에 불을 내려 하나님의 적들을 심판하신 것처럼 이 악한 여인을 막아주소서! 저를 해치지 못하게 하소서." 반대로 그는 혼자 힘으로 해결하려고 옷자락을 말아 쥐고는 말 그대로 생명을 보존하려고 도망했다!

오래전 우리 부부도 스토킹을 당했을 때 겁이 나고 삶에 심각한 방해를 받았다. 솔직히 그 위협에 우리가 보인 반응에는 분노, 두려움, 좌절감, 주기적 불안이라는 감정이 뒤섞여 있었다. 하지만 우리는 우리 자신과 가정과 집을 보호하는 데 필요한 실제적 조치도 취했다. 스토킹 사실을 알자마자, 로스앤젤레스 경찰서에 신고하여 우리 사건을 담당한 형사를 만난 것이다. 그의 첫 질문은 "집에 비상경보 장치가 있습니까?"였다.

"아니요, 우리 동네는 아주 안전하거든요."

그렇게 말하는 우리에게 그는 냉철한 반응을 보였다. "문제는 동네가 아니라 그 사람입니다."

위협의 내용은 자세히 밝히지 않겠지만, 정말 험악하고 무서웠던 것만은 분명하다. 그래서 형사의 말대로 집에 방범 장치를 설치했다. 우리의 믿음이 부족해서였을까? 그렇지 않다고 본다. 이는 오히려 마땅히 우리를 보호하기 위한 실제적이고 합리적인 조치였다.

전쟁이 터졌을 때 올리버 크롬웰Oliver Cromwell이 했던 말을 들어본 적이 있는가? "하나님을 의지하되 화약도 꼭 준비해두라." 좋은 균형이다! 하나님을 의지한답시고 상식을 저버릴 게 아니라 실제적 조치를 해서 자신과 사랑하는 이들을 보호해야 한다. 난폭한 스토커든 놀이터의 불량배든 위협은 위협이다. 요지는 이를 심각하게 받아들이고 머리를 써야 한다는 것이다!

화약을 준비하라는 은유가 곧 불합리한 두려움에서 나오는 반응은 아니다. 그런데 성경의 이 대목을 아무리 살펴보아도 엘리야가 하나님을 의지하는 모습은 보이지 않는다. 얼마나 기막힌 일인가. 갈멜산 대결에서 남달리 용감하게 행동했던 그였으니 말이다. 물론 나는 엘리야를 존중하고 싶다. 하지만 상황에 잘못 대처한 그의 반사적 반응에서 배울 교훈도 놓치고 싶지 않다.

## 2. 엘리야는 상황을 잘못 판단했다

꼬박 하루를 달려 이세벨의 세력권에서 벗어난 그는 결국 광야에 홀로 앉았다. "한 로뎀 나무 아래"를 요긴한 대피소로 삼아 거기서 자신을 죽여달라고 기도했다(왕상 19:3-4). 탈진과 자기 연민에 빠진 순간 엘리야는 현실과 괴리되고 말았다.

> 그가 대답하되 "내가 만군의 하나님 여호와께 열심이 유별하오니 이는 이스라엘 자손이 주의 언약을 버리고 주의 제단을 헐며 칼로 주의 선지자들을 죽였음이오며 오직 나만 남았거늘 그들이 내 생명을 찾아 빼앗으려 하나이다"(왕상 19:14).

굳이 전문 심리학자가 아니더라도 엘리야의 시각이 얼마나 왜곡되었는지 알 수 있다. 하나님은 이 상처 입은 선지자를 현실로 돌아오게 하시려고, 그에게 일어나 다시 살라고 명하신다!(왕상 19:15-18 참고) "나만 남았거늘"이라는 그의 말은 사실이 아니었다. 주님은 그분을 온전히 대변할 수 있는 선지자 칠천 명을 이스라엘에 남기시겠다고 그에게 확언하셨다. 엘리야의 순교자 콤플렉스는 필요하지도 않았고, 근거도 없었다. 자신을 최후의 생존자처럼 느꼈을지는 모르지만 주님이 상기시키셨듯이, 그를 떠받쳐줄 사람이 수천 명에 달했다.

결합 쌍둥이와도 같은 두려움과 자기 연민은 우리의 판단력을 흐리게 하고, 시각을 왜곡한다. 신변의 위협을 당할 때는 누구나 자기 생각에 속을 수 있다. 하나님이 엘리야를 안심시켜주셨듯이 그분은 늘 위험보다 앞서가시며, 그 속에도 친히 임재하여 우리를 보호하신다. 시편 저자의 말처럼 그분은 "환난 중에 만날 큰 도움"(시 46:1)이시다.

### 3. 엘리야는 심신의 상태를 무시했다

시련 때문에 엘리야는 꽤 깊은 우울감과 낙심에 빠졌던 것 같다. 그래서 그는 절망한 나머지 점차 심신의 건강을 돌보지 않기에 이르렀다. 이는 스토킹처럼 현실적인 위협에 에워싸인 사람들에게 흔히 나타나는 위험한 증상이다.

주님은 엘리야에게 다가가 놀라운 긍휼과 자비를 베푸셨을 뿐 아니라 천사의 사역으로 그의 몸도 회복되게 해주셨다. 천사가 그에게 음식과 물은 물론이고, 숙면할 수 있는 자리까지 마련해주었다(왕상 19:5-9 참고).

놀랄 준비가 되어 있는가? 대개 낙심을 퇴치하는 최고의 치료제는 밤새 끙끙대며 기도하는 게 아니라 그냥 밤잠을 푹 자는 것이다. 이것이야말로 당신이 할 수 있는 가장 건강에 좋고 영적인 일 중 하나다. 생각 같아서는 더 오래 기도하거나 더 똑똑하게 대책을 강구해야 할 것만 같다. 어쨌든 진실한 그리스도인들은 그렇게 하니까 말이다. 그러나 스트레스가 심할 때일수록 심신을 잘 돌보는 게 현실적으로 중요함을 아는 사람은 많지 않다. 어떨 때는 그냥 손을 놓고, 자리에 누워 눈을 감고 머리를 식히며, 고민을 하나님께 맡겨야 한다. 내가 자주 인용하는 그리스 속담이 있다. "항시 당겨져 있는 활은 부러지기 마련이다."

정신적 고뇌에 빠진 사람은 자기 외모에 점차 무관심해지는 증상을 보인다. 그래서 차림새가 단정하지 못하고, 대개 목욕도 하지 않아서 사나운 몰골로 다닌다. 머리가 헝클어진 데다 입 냄새도 지독하고 잘 먹지도 않는다. 외부와의 소통을 끊고 혼자 고립되어 있으니 아침에 일어나기도 힘들다. 세상이 무너져 자신을 덮치는 것만 같고, 자신의 처지가 못내 창피하기 때문이다. 다행히 주님은 그것까지도 다 이해하신다. 이 말씀을 생각해보라.

> 우리에게 있는 대제사장은 우리의 연약함을
> 동정하지 못하실 이가 아니요 모든 일에 우리와
> 똑같이 시험을 받으신 이로되 죄는 없으시니라.
> 그러므로 우리는 긍휼하심을 받고 때를 따라 돕는
> 은혜를 얻기 위하여 은혜의 보좌 앞에 담대히

나아갈 것이니라(히 4:15-16).

예수님은 자신을 비방하는 사람들의 지독한 스토킹으로 인한 깊은 시름을 한순간 아주 솔직하게 털어놓으셨다. "지금 내 마음이 괴로우니 무슨 말을 하리요. 아버지여, 나를 구원하여 이때를 면하게 하여 주옵소서. 그러나 내가 이를 위하여 이때에 왔나이다"(요 12:27). 오늘 스토킹이나 무서운 위협의 피해자로서 당신이 혹시 겪고 있을 심정을 우리의 놀라운 구주이신 주님도 친히 경험하셨다니, 얼마나 큰 위로가 되는가.

## 엘리야의 시련에서 배우는 교훈

안타깝게도 스토킹은 우리 삶을 교란하는 여러 위협과 마찬가지로 절대 사라지지 않을 병폐다. 악의를 품은 사람들이 존재하는 한, 그들의 폭력 행위에 무죄한 피해자들이 당하기 마련이다. 6월에 뜨거운 공기가 위로 올라가 차갑고 건조한 공기와 만나는 한, 반드시 생명을 위협하는 돌풍이 발생하는 이치와 같다. 그렇다면 우리는 엘리야의 삶에서 무엇을 배울 수 있을까? 그의 경험에서 네 가지 중요한 교훈을 얻을 수 있다.

1) 위협은 사람을 가리지 않는다: 애석하게도 스토커의 위협이나 기타 위험한 상황은 당신에게나 가까운 사람에게 얼마든지 닥칠 수 있다. 엘리야에게 있었던 일이라면, 누구에게나 있을 수 있다! 우리 얼굴이 누군가의 다트판에 그려져, 악의를 품은 그들의 애꿎은 과녁이 되기가 얼마나 쉬운가. 친절하거나 경건한 사람이라도 예외는 아니다. 엘리야는 박해받은 최초의 사람도 아니었고, 최후의 사람도 아니다. 적들이 완전히 떠났다고 생각한다면 당신의 오산이다. 이전의 적이 다시 나타날 수도 있고, 새로운 위협이 생겨날 수도 있다. 지천으로 널린 게 이세벨이며, 스토커는 대개 다시 돌아온다. 그러니 늘 예의 주시하여 다음번 공격에 허를 찔리지 말라. 무엇보다 현실적으로나 영적으로나 방심은 금물이다.

2) 방탄 처리된 사람은 없다: 당신은 초인이 아니다. 나이나 성숙도나 경험과 무관하게 당신도 엘리야와 똑같은 100퍼센트 인간이다. 여전히 당신에게는 휴식과 영양이 골고루 담긴 좋은 음식이 필요하다. 또 여전히 깨어 있어야 하고, 남의 도움을 받아야 한다. 여전히 주님의 공급과 보호가 필요하다(시 121편 참고). 엘리야처럼 두려움과 연민에 굴복하지 않도록 조심하라. 문제를 스스로 해결하려는 유혹을 물리치라. 반드시 자신

을 잘 돌보고, 당신을 사랑하는 사람들이 하는 말이라면 경고까지도 잘 들으라.

3) 당신은 혼자가 아니다: 하나님은 당신을 지으실 때 인생길을 혼자 걷게 하지 않으셨다. 일을 해낼 수 있는 사람은 당신만이 아니다. 엘리야의 경우처럼 하나님은 다른 유능하고 재능 있는 사람들도 쓰실 수 있다. 당신은 문제를 능히 해결할 사람이 자신뿐이라는 망상에 빠지기 쉽다. 무엇이 최선이고 급선무인지 당신만이 안다고 생각할 것이다. 이 일종의 피해 의식에서 당신을 건져줄 사실이 있다. 하나님은 한 분뿐이신데, 당신은 하나님이 아니라는 점이다. 당신은 하나님이 보내주시는 아주 너그럽고 유익한 사람들에 힘입어 올바른 시각으로 지혜롭게 시련을 헤쳐나갈 수 있다. 우리 부부도 오래전에 그 힘든 상황을 겪을 때 의지가 굳세고 강심장인 주변 사람들이 필요했다. 그들의 도움이 한없이 소중했다.

4) 결국 당신의 소관이 아니다: 우리가 보지 못한 의제가 있고, 우리의 조언이 필요 없는 계획이 있다. 또 우리가 짜지 않은 줄거리가 있으며, 우리가 쓰지 않은 각본이 있다. 반면에 하늘에 계신 우리 아버지는 주권자로서 이 모두를 아신다. 그분이 어련히 알아서 하신다. 이세벨이 아니라 그보다 더한 사람이 고개를 쳐들고 우리

를 대적해도 하나님은 놀라지 않으신다. 이제 더는 당신의 소관인 것처럼 살지 말라. 당신이 섬기는 하나님은 당신을 지으셨을 뿐 아니라 필요한 모든 것도 주권적으로 채워주신다.

끝으로 당신 영혼의 적은 당신을 두려움으로 무력하게 하여 영적으로 끝장내야만 직성이 풀린다. 설상가상으로 그는 갑옷의 모든 갈라진 틈까지 당신을 훤히 안다. 당신의 힘으로는 그를 당해낼 재간이 없다. 그래서 베드로의 말이 설득력 있게 다가온다.

> 근신하라. 깨어라. 너희 대적 마귀가 우는 사자같이 두루 다니며 삼킬 자를 찾나니 너희는 믿음을 굳건하게 하여 그를 대적하라. 이는 세상에 있는 너희 형제들도 동일한 고난을 당하는 줄을 앎이라(벧전 5:8-9).

우리의 적은 사자처럼 배회하며 삼킬 자를 찾는다. "삼킬"로 번역된 헬라어 단어(*katapino*, 카타피노)는 '마셔버리다, 꿀꺽 삼키다'라는 뜻이다. 이것이 사탄의 목표다. 그의 의도는 단지 당신을 위협하여 기운을 빼놓거나 당신의 삶을 약간 어지럽히는 정도가 아니다. 그거야 너무 쉽다. 그는 당신을 통째로 꿀꺽 삼키기로 작정했고, 그래서 당신이 하나님의 집에 들어온 이후로 쭉 당신을 스토킹했다.

작고한 영국 목사 찰스 해던 스펄전은 『목회자 후보생들에게』(Lectures to My Students) 중 "목사의 침체 상태"라는 장에서 이렇게 썼다. "탁월한 목사들의 전기를 보면 알 수 있듯이 두려워 엎드리는 시기는 [우리] 대부분에게나 어쩌면 모두에게 늘 있었다."4) 이어 그 자신이 낙심과 우울로 고생한 이야기가 털어놓는다.

> 여러분은 혼자가 아닙니다. 저는 이해합니다. 나아가 주님께서 이해하십니다. 제 삶에서 가장 힘든 날은 대개 월요일입니다. 정서적으로나 영적으로 최고조에 달했던 일요일의 다음 날이지요. 그때 마귀가 나를 스토킹하는 것이 느껴집니다. 내가 약해져서 이미 공격에 취약함을 그는 압니다. 하지 말았어야 하는 말이 죄다 기억나거나, 했던 말을 머릿속에 되새기거나, 다르게 말하지 못한 것을 후회하는 시간이니까요. 바로 그때 마귀가 덤벼듭니다. 은근하면서도 불길한 그 시간에 깨어 있어야 합니다. 그 순간 나 자신의 연약함을 인정하면 견고히 서서 마귀를 대적하는 데 도움이 됩니다.

이 주제로 글을 쓰려고 준비하고 있는데, 내 오랜 친구에게서 이메일이 왔다. 그 속에 옛 찬송가 "주 음성 외에는"의 가사가 적혀 있었다.

> 주 음성 외에는 참 기쁨 없도다.
> 날 사랑하신 주 늘 계시옵소서.
> 기쁘고 기쁘도다. 항상 기쁘도다.
> 나 주께 왔사오니 복 주옵소서.

친구의 글을 읽으며 머릿속으로 은혜로운 찬송을 부르노라니 어느새 내 눈가에 눈물이 맺혔다. 다 이해하시는 주님이 임재하시며, 생생히 나를 감싸주시고 불안한 마음을 달래주시는 게 느껴졌다. 평안과 확신이 밀려왔다. 우리 주님은 이토록 신실하신 분이다. 골치 아픈 걱정거리 때문에 칙칙한 날에도 말이다.

이 찬송가의 메시지는 사실이다. 당신에게도 사실이고 당신의 배우자와 자녀, 손주에게도 사실이다. 이웃과 친한 친구에게도 사실이다. 우리 모두에게는 그분이 늘 계셔야 한다. 매일 매시간 그분이 필요하다. 우리는 혼자 힘으로 해내려는 습관을 버려야 한다. 그럴 필요가 없다. 특히 이런 때일수록 더하다.

그러므로 당신도 스토킹을 당하고 있거나 신변의 위협을

느껴 불안하다면, 그분께로 달려가라. 그분을 피하여 달아나지 말고 그분께로 달려가라. 그러면 그분이 당신을 위로하고 보호하며 지켜주신다. 친밀하고 이해심 많은 친구가 되어주신다.

* 제11장 *

# 오늘 밤
# 인생이 끝난다면?

---

### 영원한 삶을 준비하기 위한 하나님 말씀

죽음과 임종에는 어딘지 으스스한 데가 있다. '신비롭다, 신기하다'는 말이 더 유화된 표현일지도 모르겠다. 당신도 임종 현장에 있어 본 적이 있다면 알겠지만, 상대가 무엇을 경험하고 있으며 어디로 갔는지 궁금하지 않을 수가 없다. 한순간 당신이 말했고 상대도 혹시 반응했으련만, 다음 순간 더는 움직임이나 호흡이 없다. 갑자기 모든 것이 달라진다. 일단 숨이 끊겨 미동도 하지 않으면, 상대의 죽은 몸조차도 달라 보인다.

나는 내 어머니가 운명하신 지 한 시간도 안 되어 그 자리에 있었다. 어머니는 건강이 좋았는데, 어느 날 오후 낮잠을 주무시다가 돌연사하셨다. 누나와 나는 아버지의 전화를 받고 급히 달려가 나란히 곁에 서서 어머니의 시신을 보았다. 살아생전의 모습과는 달라 보였다. 죽음이 내려앉은 그 장면은 현실이 아닌 듯했다.

9년 후 아버지가 돌아가셨을 때도 똑같았다. 아버지는 4년 정도 며느리와 손주 네 명이 있는 우리 집에 함께 사셨다. 그러다 병환으로 부득이 입원하셨다. 훌륭한 가족 주치의가 보살피고 있었는데도, 우리는 아버지의 죽음이 임박한 줄은 몰랐다. 내가 한밤중에 의사의 호출을 받고 몇 분 내로 병원에 다시 갔으나 너무 늦었다. 아버지는 이미 운명하신 후였다. 나는 아버지의 이마에 입을 맞추며, 마지막으로 "아버지, 사랑합니다"라고 말했다.

아버지의 얼굴을 시트로 덮어드리며 문득 실감했다. 나 자신이 남편이자 아버지인데도 난생처음 고아가 된 심정이었다. 그날이 아버지와의 마지막 날이 될 줄은 꿈에도 몰랐다.

삶이 언젠가는 끝날 것을 알면서도, 우리는 대부분 자기 죽음에 관해서는 잘 생각하지 않는다. 이 주제를 즐겁게 사색하는 사람은 없다. 죽음에 대한 생각은 그냥 너무 어렵고 불편한 상념이다. 에우리피데스 Euripides에 따르면, "죽음은 우리 모든 사람이 갚아야 할 빚이다."

존 던 John Donne은 17세기 초에 영국 세인트폴 성당의 주임사제로 섬겼다. 당시는 병마와 역병이 유럽 대륙을 휩쓸던 어렵고 힘든 시기였다. 이때 그는 런던의 심장부에서 충실하게 복음 사역자의 직무를 다했다. 예배 전에나 장례식을 알릴 때면 으레 교회 종소리가 울렸다. 1623년 중병에 걸려 누운 던은 종소리를 들으며 자신의 죽음을 생각했다.『인간은 섬이 아니다』(*Devotions upon Emergent Occasions*)라는 존 던의 책은 바로 그때 쓴 것이다. 그 감동적인 회고록에 만인을 위한 불후의 명언이 등장한다.

> 누구도 그 자체로 섬이 아니다. 모든 인간은
> 대륙의 조각이요 대양의 일부다. 흙 한 덩이만
> 바다에 씻겨나가도 유럽은 줄어들고…누구 한
> 사람만 죽어도 내가 작아진다. 나도 인류의 일원인
> 까닭이다. 그러므로 절대 사람을 보내 누구를
> 위하여 울리는 종인지 알아보지 말라. 바로 당신을
> 위해 울리는 종이다.[1]

당신의 죽음을 알리는 종이 바로 오늘 밤 울린다면, 당신의 내세는 어떨까? 궁금하지 않은가? 당신의 어머니나 아버지, 아들이나 딸을 땅에 묻을 때 영원을 생각해본 적이 있는가? 속으로 이런 생각이 든 적이 있는가? '그들은 어디로 갔을까? 지금 무엇을 하고 있을까? 나였다면 어땠을까?'

'만약에 당신이 오늘 밤 죽는다면?' 이 질문에 답하려면

이 땅 너머의 삶에 대해 성경이 뭐라고 가르치는지 알아야 한다. 아울러 죽음과 숨을 거두고 나서의 삶을 어떻게 준비할 것인지에 대해 몇 가지 중대한 결단을 내려야 한다.

## 성경의 내세관

죽으면 분리가 발생한다. 사람이 죽으면 성품과 정서의 출처인, 무형의 영원한 영혼이 물리적 몸, 즉 육신 안의 살과 피, 근육과 뼈, 신경과 힘줄과 분리된다. 내 어머니와 아버지의 돌아가신 몸을 곁에 서서 보던 그때, 두 분은 내 평생 알던 자애로운 부모님처럼 보이지 않았다. 왜일까? 혼이 육신을 떠났기 때문이다.

그것을 최대한 잘 이해하려면 영적 죽음과 육적 죽음, 둘 다의 본질을 들여다봐야 한다. 죽음은 죄에서 비롯된 실재다. 하나님은 에덴동산에서 아담에게 이렇게 경고하셨다. "동산 각종 나무의 열매는 네가 임의로 먹되 선악을 알게 하는 나무의 열매는 먹지 말라. 네가 먹는 날에는 반드시 죽으리라"(창 2:16-17). 죄는 인간의 경험 속에 육적 죽음과 영적 죽음을 불러왔다.

모든 사람은 한 번 죽게 돼 있다. 성경은 윤회설을 지지하지 않는다. 죽음은 죽음이며, 그것으로 끝이다. 물리적 몸에 관한 한 죽음은 영구적이다. 그래서 아담과 하와가 금단의 열매를 먹었을 때 죄가 들어와서 여태 그것이 남아 있을 뿐 아니라, 죽음도 실존의 일부가 되었다. 그들이 죄를 짓지 않았다면 죽을 일도 없었다. 그러나 죄를 지어서 죽음도 따라왔다. 그 진리에 함축된 의미가 신약에도 메아리친다.

> 한번 죽는 것은 사람에게 정해진 것이요 그 후에는
> 심판이 있으리니 이와 같이 그리스도도 많은 사람의
> 죄를 담당하시려고 단번에 드리신 바 되셨고
> (히 9:27-28).
> 그러므로 한 사람으로 말미암아 죄가 세상에
> 들어오고 죄로 말미암아 사망이 들어왔나니 이와
> 같이 모든 사람이 죄를 지었으므로 사망이 모든
> 사람에게 이르렀느니라(롬 5:12).

당신은 죄 가운데 태어났다. 당신의 부모도 죄인이었고, 조부모도 죄인이었다. 똑같은 죄성이 당신에게도 있다. 당신과 나는 죄 많은 피조물이다. 아담의 죄로 말미암아 사망이 들어왔고, 우리가 모두 죄를 지으므로 사망이 모든 사람에게 이르렀다. 물리적 죽음의 필연성에서 벗어날 길은 없다. 종교에 대해 어떻게 믿든 간에, 당신의 신학에서 죽음을 빼놓아서는 안 된다.

우리는 유형의 요소인 물리적 몸으로 이루어져 있으며, 물리적 세계는 우리 손으로 만져진다. 반면에 무형의 요소는 영과 혼으로 존재한다. 그런데 사람이 죽으면 무형의 영혼이 유형의 몸에서 분리되어 몸만 이 땅에 남는다. 그래서 시신(이나 치명상 이후의 남은 부위)을 '유해'라고 한다. 영혼은 떨어져 나와 떠나고 물리적 부분만 남았다는 뜻이다.

대다수 문화에서 시신을 묻는 의식을 치러, 예를 갖추어 처리한다. 그러나 영혼은 계속 살아 있다. 단, 신자의 영혼과 비신자의 영혼은 다른 운명을 맞이한다. 이 차이는 성경에서 자세히 살펴볼 만하다.

## 신자의 운명

성경은 신자와 비신자의 운명이 다르다고 가르친다. 이 땅에 사는 동안 모든 사람에게 어떤 형태로든 복음이 제시된다(롬 1:18-23 참고). 즉 하나님이 자기 아들을 보내셔서 죄인을 위해 죽게 하셨다는 진리다(요 3:16 참고). 그분을 믿기로 선택하면 신자이고, 그리스도를 통해 베푸시는 영생을 거부하기로 선택하면 비신자다. 믿지 않는 상태로 죽으면, 믿고 죽은 사람과 다른 운명을 맞이한다. 신자라면 몸은 죽어서 (비신자처럼) 무덤에 묻히지만, 영혼의 종착지는 다를 것이다.

나의 어머니와 아버지는 임종 순간 영혼이 몸을 떠나 주님 곁으로 가셨다(고후 5:8 참고). 그러나 비신자는 죽으면 영혼이 몸에서 분리되어 고통의 장소인 지옥으로 간다(막 9:43-48 참고).

구약 시대에 죽은 사람의 영혼은 '하데스'로 갔다. 하데스는 히브리어 단어 '스올'에 해당하는 그리스어 단어로 망자의 처소를 가리킨다. 『신 엉거 성경사전』(The New Unger's Bible Dictionary)에 하데스가 이렇게 정의되어 있다. "모든 죽은 사람이 심판 때까지 머무는 지하의 처소였다. 두 곳으로 나뉘어 있어 선인은 낙원 또는 아브라함의 품으로 가고, 악인은 게헨나 또는 지옥으로 간다."[2] 구약 시대에 신자는 죽어서 영혼이 낙원으로 옮겨졌고, 비신자의 영혼은 하데스에 남겨졌다(눅 16:22-23 참고).

예수님이 신자가 된 십자가 위의 강도에게 하신 말씀을 생각해보라. "내가 진실로 네게 이르노니 오늘 네가 나와 함께 낙원에 있으리라"(눅 23:43). 이는 그분이 구약 성경에서 따오신 표현이다. 신자와 비신자의 떠나간 영혼이 심판 때까지 머물던 곳 중에 낙원은 신자의 처소를 가리킨다. 신자든 비신자든 물리적 몸은 사후에 무덤에 남아 부활을 기다린다(고전 15:26, 살전 4:13-18 참고).

그러나 성경의 가르침대로, 결국 최후의 심판은 모두 의식이 있는 상태에서 벌어질 것이다. 이를 크고 흰 보좌의 심판이라고 한다. 그리스도 없이 죽은 비신자는 그 심판을 통해 둘째 사망 또는 영원한 형벌에 처하게 된다(계 20:11-15 참고). 게다가 사후에는 누구에게도 위치 변경이 없다. 연옥은 없다. 일단 죽은 사람은 누군가의 기도로 지옥을 벗어나 천국에 들어갈 수 없다. 당신의 영원한 운명은 현세의 아주 중요한 결단에 달려 있으며, 사후에는 번복할 수 없다. 그때의 당신은 이미 그리스도를 영접했거나 거부했거나 둘 중 하나의 상태일 것이다.

믿지 않는 상태로 죽으면 당신의 몸은 이 땅에 남지만, 영혼은 고통의 장소로 옮겨져 최후의 심판을 기다린다(눅 16:23-24 참고). 그러나 이미 그리스도를 믿어 영생의 선물을 받았다면, 오늘 죽는다고 해도 당신의 영혼은 즉시 천국에 끌어 올려진다. 성경은 그곳을 "셋째 하늘"이라고 부른다(고후 12:1-4, 또한 엡 4:8-10 참고).

오늘 믿음 안에서 죽는 신자의 영혼은 즉시 천국에 계신 주님 곁으로 가서, 그동안 죽은 모든 신자와 합류한다(고후 5:8 참고). 장차 예수님이 재림하셔서 지상에 남아 있는 모든 신자를 그분 자신께로 모으실 때, 이미 죽어 영혼이 천국에 가 있던 모든 신자도 영광스럽게 구름 속에서 그분을 만난다. 예수님의 재림 사건을 칭하는 '파루시아'(*parousia*)는 '강림, 도착'이라는 뜻이며, 그 후에는 휴거가 이루어진다. 사도 바울은 그 사건을 데살로니가의 그리스도인들에게 이렇게 묘사했다.

> 주께서 호령과 천사장의 소리와 하나님의 나팔 소리로 친히 하늘로부터 강림하시리니 그리스도 안에서 죽은 자들[의 몸]이 먼저 일어나고 그 후에 우리 살아남은 자들도 그들과 함께 구름 속으로 끌어올려 공중에서 주를 영접하게 하시리니(살전 4:16-17).

그 일이 일어날 때 나의 어머니와 아버지의 몸은 무덤에서 이끌려 나와 먼저 위로 들려 올라간다. 그때 내가 아직 이 땅에 살아 있다면, 나도 영화로워진 상태로 그분들처럼 끌어올려져 함께 천국에 들어간다. 그렇게 두 분과 나는 다른 모든 신자와 더불어 영원히 주님과 함께 살 것이다.

어렸을 때 나는 훗날 천국에 갔다가 무슨 일이 생겨 그곳을 떠나야 할까 봐 두려웠던 기억이 있다. 다행히 성경은 그런 개념을 지지하지 않는다. 성경의 가르침대로 신자의 운명은 부동의 실재고, 영혼의 영존도 불변의 사실이다. 일단 천국에 갔으면 영원히 천국에 살고, 안타깝게도 일단 지옥에 갔으면 영원히 지옥에 산다. 예수님이 이 땅에서 사역하실 때 들려주신 한 이야기를 통해, 믿음 안에서 죽는 사람과 믿음 없이 죽는 사람에게 그 실재가 각각 어떤 것인지를 살짝 엿볼 수 있다.

## 두 사람의 죽음 이야기

누가복음 16장에 예수님은 두 사람의 죽음에 대한 비유를 말씀하신다. 하나는 믿음 없이 죽은 독선적 부자고, 또 하나는 믿음 안에서 죽은 비천한 거지다. 부자는 지옥에 떨어지고 거지는 천국에 간다. 양쪽이 사후에 체험한 놀라운 실상이 비유에 드러나 있다. 이 본문을 신중히 읽기 바란다.

> 한 부자가 있어 자색 옷과 고운 베옷을 입고 날마다
> 호화롭게 즐기더라. 그런데 나사로라 이름하는
> 한 거지가 헌데투성이로 그의 대문 앞에 버려진 채
> 그 부자의 상에서 떨어지는 것으로 배 불리려 하매
> 심지어 개들이 와서 그 헌데를 핥더라.
> 이에 그 거지가 죽어 천사들에게 받들려 아브라함의
> 품에 들어가고 부자도 죽어 장사되매 그가 음부에서
> 고통 중에 눈을 들어 멀리 아브라함과 그의
> 품에 있는 나사로를 보고 불러 이르되 "아버지
> 아브라함이여, 나를 긍휼히 여기사 나사로를 보내어
> 그 손가락 끝에 물을 찍어 내 혀를 서늘하게 하소서.
> 내가 이 불꽃 가운데서 괴로워하나이다."
> 아브라함이 이르되 "얘, 너는 살았을 때에 좋은 것을
> 받았고 나사로는 고난을 받았으니 이것을 기억하라.

이제 그는 여기서 위로를 받고 너는 괴로움을
받느니라. 그뿐 아니라 너희와 우리 사이에 큰
구렁텅이가 놓여 있어 여기서 너희에게 건너가고자
하되 갈 수 없고 거기서 우리에게 건너올 수도 없게
하였느니라."
이르되 "그러면 아버지여, 구하노니 나사로를 내
아버지의 집에 보내소서. 내 형제 다섯이 있으니
그들에게 증언하게 하여 그들로 이 고통 받는 곳에
오지 않게 하소서."
아브라함이 이르되 "그들에게 모세와 선지자들이
있으니 그들에게 들을지니라."
이르되 "그렇지 아니하니이다. 아버지 아브라함이여,
만일 죽은 자에게서 그들에게 가는 자가 있으면
회개하리이다."
이르되 "모세와 선지자들에게 듣지 아니하면 비록
죽은 자 가운데서 살아나는 자가 있을지라도 권함을
받지 아니하리라" 하였다 하시니라(눅 16:19-31).

이때는 예수님이 아직 죽음과 부활과 승천을 통과하시기 전이므로, 이 비유의 배경은 구약의 상황이었다. 따라서 이 야기를 듣는 청중도 구약을 바탕으로 이해했을 것이다. 그분 이 가르치신 주제는 비신자와 신자의 영원한 운명 그리고 양

11. 오늘 밤 인생이 끝난다면?

측의 대조적 경험이었다.

## 대비의 전형

두 사람이 죽어서 유형의 몸은 땅에 묻히고 무형의 영혼은 망자의 처소로 옮겨졌다. 둘은 빈부 차이만 있었던 게 아니라 하나는 비신자였고 또 하나는 신자였다. 각자의 영원한 운명이 빈부 때문이 아니라 살아 있을 때 진리에 대해 내렸던 결단 때문임을 명심하라. 부자는 자신의 자원인 재물을 믿다가 죽었다. 부자의 대문간에 살던 가난한 나사로는 죽을 때 빈털터리였으나 영혼은 "천사들에게 받들려 아브라함의 품에 들어[갔다]"(눅 16:22). 부자는 죽어서 땅에 묻히고 영혼은 "음부"에 갔다(23절). 신기하게도 그 고통의 장소에 있는 부자에게 아브라함의 품에서 평화로운 안식을 누리는 가난한 거지가 건너다보였다. 얼마나 극명한 대비인가!

## 내세의 고통

부자는 죽어서 몸은 무덤에 묻히고 영혼은 고통 가운데 있었다. 부자가 지옥에서 간청한 말로 보아 그곳은 아주 뜨거운 것 같다. 그는 자신을 긍휼히 여겨 가난한 나사로를 보내 그 손가락 끝에 물을 찍어 자신의 혀를 서늘하게 해달라고

했다(눅 16:24 참고). 부자의 설명에 따르면 그가 그토록 괴로운 이유는 불꽃 때문이다. 불구덩이에 빠진 것이다. 상상해보라! 모든 비신자가 사후에 가는 고통의 장소란 바로 그런 곳이다. 영원히 속수무책으로 불 속에서 살아야 한다. 거기서 불의 뜨거운 열기에 시달리며 영영 헤어나지 못한다. 부자의 애원에 아브라함이 보인 반응은 충격적이다.

> 아브라함이 이르되 "얘, 너는 살았을 때에 좋은 것을 받았고 나사로는 고난을 받았으니 이것을 기억하라. 이제 그는 여기서 위로를 받고 너는 괴로움을 받느니라. 그뿐 아니라 너희와 우리 사이에 큰 구렁텅이가 놓여 있어 여기서 너희에게 건너가고자 하되 갈 수 없고 거기서 우리에게 건너올 수도 없게 하였느니라"(눅 16:25-26).

하나님과 함께 영생을 누리는 데 필요한 모든 것이 생전에 부자에게 있었다. 주님에 대한 지식도 있었고, 선지자들의 증언이 담겨 있는 성경도 있었다. 그런데도 그는 굳이 자신의 자원에 의지하여 살았다. 그러다 믿지 않는 상태로 죽었다. 반면에 나사로는 현세에서 목숨을 부지하기도 힘들었다. 그에게는 아무것도 없었다. 그런데 믿음이 있었다. 분명히 그는 하나님을 의지했고, 그래서 아브라함의 품에서 안식을 얻었다. 이 이야기는 우리의 정신이 번쩍 들게 한다. 죽으면 다 끝나고 영원한 운명만 남기 때문이다.

여기서 지적하고 넘어가야 할 점이 있다. 한사코 진리를 무시하고 영원을 우습게 아는 사람들이 합리화하며 흔히 대는 네 가지 논리가 있다.

1) 현세에 비하면 차라리 지옥이 나을 것이다: 위의 비유에 묘사된 실재 앞에서 이 합리화는 성립되지 않는다. 지옥, 곧 믿지 않는 영혼들이 존재하는 곳은 영원히 고통받는 장소다. 견딜 수 없을 만큼 지독히 괴로운 곳이다. 지상의 어떤 고뇌도 거기에는 비할 바가 못 된다. 믿기를 거부하고 자신의 자원을 의지하다가 죽는 사람들에게는 바로 그곳이 기다리고 있다.

2) 지옥은 비합리적 두려움에 기초한 허구의 산물이다: 어떤 사람들은 영원의 실상을 합리화하려고 죽음 이후에는 아무것도 없다고 주장한다. 내세란 상상력이 풍부한 얼간이들이 죽음이 두려워서 지어낸 개념이라는 것이다. 천만의 말이다. 부자와 나사로의 비유는 실재에 기초한 섬뜩한 이야기로서, 하나님의 성품과 그분 말씀의 속성에 입각한 것이다. 비유 속 부자는 아브라함에게 간청하기를, 지상의 자기 아버지 집에 나사로를 보내 가족에게 내세에 대해 경고하게 해달라고 했다. 놀

랍게도 부자에게 시력과 감정, 청력과 목소리, 미각과 기억이 그대로 남아 있다. 그래서 그는 가족의 영혼을 걱정했다.

3) 친구들과 가족만 곁에 있으면 사후의 어떤 상황도 견딜 만하다: 정반대다. 필연적으로 지옥이란 함께 있을 사람이 없는 곳이기도 하다. 친구나 가족의 위로는 없다. 어떻게 그렇게 될지는 하나님의 계획과 영원히 신비로운 그분의 뜻 가운데 있다. 다만 그리스도 없이 영원에 들어가는 모든 사람은 참담하고 총체적인 고독 속에서 계속 고통당한다. 비신자는 하나님과 분리될 뿐 아니라 지상에서 알고 사랑하던 모든 사람과도 영원히 분리되어, 고뇌와 괴로운 불꽃 속에서 살아간다.

4) 벗어날 길이 있을 것이다: 일단 지옥에 보내졌어도 누군가의 기도로 거기서 나와, 천국의 더 양호한 자리로 옮겨갈 수 있다고 믿는 사람들이 있다. 다시 말하지만, 이 가르침은 누가복음 16장 이야기로 논박할 수 있다. 아브라함이 대답했듯이, 믿지 않는 영혼과 신자를 갈라놓는 "큰 구렁텅이"가 있어 어느 쪽에서든 다른 쪽으로 건너가는 게 불가능하다(눅 16:26).

영원의 실상에 대한 합리화는 가망 없는 헛수고다. 그런데도 부자는 영원한 이치를 뒤집으려 했다.

## 살아 있는 사람들을 위한 간청

끝없는 고통의 장소에 영존해야 함을 마침내 납득한 부자는 마지막 간청을 감행한다.

> 이르되 "그러면 아버지여, 구하노니 나사로를 내 아버지의 집에 보내소서. 내 형제 다섯이 있으니 그들에게 증언하게 하여 그들로 이 고통 받는 곳에 오지 않게 하소서"(눅 16:27-28).

예수님의 비유에 등장하는 이 인물에게 난생처음 전도의 열정이 솟는다. 지옥의 고통을 겪어보니 아직 지상에 살아 있는 자기 가족의 영혼이 걱정된 것이다. 평생 자기만을 위해서 살던 그가 이제 타인에게 신경을 쓴다. 그것도 아주 절박하게 말이다. 자기 집 대문간에 버려진 가난한 거지를 거들떠보지도 않던 그가 이제 자기 형제들에게 경고해주고 싶어 몸이 달았다. 이런 자각은 우리의 자아도취적 삶을 거스른다. 영원에 들어가면 자기중심적 사고가 모두 변한다.

부자가 깨달았듯이 일단 조종이 울리면 당신의 영원한 운명은 확정된 상태. 이 진리 앞에서 나는 하나님 말씀의 중요성과 영원한 가치를 새삼 절감한다. 말씀의 내용을 받아들이고 거기 계시된 대로 믿는 것보다 더 중요한 일이 무엇이겠는가? 누가복음 16장에 나오는 부자는 힘주어 "아무것도 없다!"라고 답할 것이다.

하나님의 말씀으로 먼저 마음이 녹지 않은 사람에게는 이런 진리를 납득하게 할 방도가 없다(롬 10:17 참고). 신약학자 대럴 벅 Darrell Bock이 이 원리를 누가복음 주석에 탁월하게 제시했다.

> 부자는 물러서지 않고 표적을 행해보자고 나선다. 하나님의 말씀으로는 부족하지만, 죽음에서 환생한 자의 메시지라면 설득력이 있으리라고 주장한 셈이다. 답변은 똑같이 명백하다. 계시가 표적보다 낫다는 것이다…하나님의 예언적 말씀으로 설득하여 완고한 마음에 금을 낼 수 없다면 기적으로도 안 된다…마음이 열려 있어야만 하나님이 존재하신다는 증거를 보고 그분의 음성을 들을 수 있다.[3]

마음이 완고하면 성경의 증언까지도 묵살하고, 그냥 또 다른 구실을 찾아내 불신을 정당화한다. 그러나 이 비유는 불신의 확실한 위험을 섬뜩하게 증언해준다. 완전히 정신이 번쩍 들 정도다. 성경 말씀을 듣지 않고 믿지 않겠다는 사람은 기적적 환영(幻影)이나 초자연적 현현을 경험한다고 해도 설득할 수 없다. 현세를 살아가는 데나 영생을 누리는 데나 말씀의 증언이면 충분하다. 두말할 것도 없다. 이 예리한 이야기는 우리에게 적어도 세 가지 교훈을 준다.

### 1. 기록된 하나님 말씀은
#### 인간이 이 땅에서 살펴볼 수 있는 가장 중요한 증거다

초자연적 현상, 기적, 꿈, 환상, 천사의 현현 등 모든 극적인 사건은 절대 기록된 하나님 말씀보다 설득력이 더 있는 것이 아니다. 믿지 않는 친구에게 당신이 줄 수 있는 최고의 선물 중 하나는 성경책이다. 요한복음을 주라. 간단한 전도지나 소책자도 괜찮다. 무엇을 통해서든 기록된 하나님 말씀에 주의를 끈다면, 그들은 진리를 접하게 된다. 진리에는 그들의 영혼을 변화시켜 영적 흑암에서 구해낼 능력이 있다. 오랫동안 사역하면서, 나도 그런 사연을 수없이 들었다. 벼랑 끝에 내몰린 사람들이 성경책 속의 진리로 살아났다.

### 2. 기록된 하나님 말씀은
#### 우리의 내세를 준비하는 데 가장 설득력 있는 정보다

당신의 영혼은 사후에도 영원히 산다. 그리스도의 말씀에 어떻게 반응하느냐에 따라 당신은 무한한 기쁨 속에서 영원히 그분과 함께 살 수도 있고, 감당 못 할 괴로움과 고통 속에서 그분 없이 살 수도 있다. 성경은 무덤 너머의 삶을 살도록 우리를 준비시킨다. 의학 백과사전, 영성 관련 학회, 유체이탈 경험에 대한 시리즈 강연 등을 통해서는 천국과 지옥 사이의 구렁텅이를 이을 수 없다. 그 일은 당신에게 예수 그리스도의 인격과 사역을 계시해주는 하나님의 말씀으로만 가능하다. 그분만이 그 구렁텅이를 잇는 다리시다.

기적을 보거나 경험하는 것으로는 설득력이 부족하다. 기적은 죄를 회개하는 마음을 불러일으키지 않는다. 완고하게 저항하는 인간의 마음을 뚫고 들어가려면, 기록된 하나님 말씀의 능력이 필요하다. 나는 그런 예를 많이 보았다. 선포되는 말씀에 마음이 녹아 가장 고집불통인 죄인조차 눈물로 회개하는 모습을 많이 목격했다. 정말 놀라운 광경이다. 그래서 내가 섬기는 교회는 늘 말씀 강해에 힘쓴다. 성경 말씀을 잘 설명하고 적용하면, 그보다 더 설득력 있는 것은 없다.

## 3. 현세에 하나님의 말씀을 무시하는 사람은 내세에 말씀의 하나님께 거부당한다

누가복음 16장에 나오는 부자는 늦게나마 그 진리를 깨달았다. 그래서 하나님의 말씀은 어느 세대에나 늘 분수령이 된다. 앞으로도 회의론자들은 대대로 말씀을 조롱하고 공격할 것이다. 문화의 감수성에 맞게 진리를 왜곡해야 하는 사람들은 말씀을 희석할 것이다. 말씀은 무시되고 밀려날 것이다. 합리화와 비웃음 속에서 철저히 외면당할 것이다. 하지만 그래봐야 다 소용없다. 모든 사람에게 죽음이 임한다. 조만간 닥쳐올 운명적 순간에 숨을 거두면, 우리를 위하여 종이 울리고 이 땅의 삶은 끝난다. 우리가 현세에 성경의 진리를 거부했다면, 하나님도 내세에 우리를 거부하실 수밖에 없다 (마 7:21-23, 롬 6:23 참고). 생각만 해도 아찔하지만 사실이 그렇다.

당신의 마지막 날은 생각보다 일찍 찾아올 수 있다. 새해 아침이나 심지어 내일 뜨는 해를 살아서 보지 못할 수도 있다. 아무도 모른다. 오래전에 가족 주치의는 내 아버지가 그날 밤에 돌아가실 줄을 몰랐다. 의사가 여러 해를 더 건강하게 사실 것으로 예견했던 내 어머니도 그날 오후에 돌아가셨다. 당신도 그렇게 될 수 있다. 과장하려는 게 아니라 사실을 지적하는 것뿐이다. 말콤 글래드웰Malcolm Gladwell의 매혹적인 책 『다윗과 골리앗』(*David and Goliath*)에 보면 비참하게 죽은 한 젊은 여성의 실화가 나온다.

> *1992년 6월의 어느 주말에 킴버 레이놀즈는 결혼식에 참석하려고 대학에서 집으로 돌아왔다…집은 북쪽으로 몇 시간 거리인 캘리포니아주 센트럴 계곡의 프레즈노였다. 그녀는 예식이 끝난 뒤에도 남아, 오랜 친구 그레그 컬드론과 함께 저녁을 먹었다…프레즈노의 타워 구역에 있는 데일리*

플래닛이라는 식당이었다. 둘은 커피를 마신 후
천천히 걸어 그녀의 이스즈 자동차에까지 왔다.
밤 10시 41분에 레이놀즈는 컬드론에게 조수석
문을 열어주고 차를 빙 돌아 운전석 쪽으로 향했다.
그때 젊은 남자 둘이 훔친 가와사키 오토바이를
타고 근처 주차장에서 천천히 나타났다. 그들이 쓴
헬멧에는 짙은 색깔의 얼굴 가리개가 달려 있었다.
운전자 조 데이비스는 마약과 총기 관련 범죄로
전과가 화려했고, 와스코 주립 교도소에 자동차
절도죄로 복역하다 가석방된 직후였다. 오토바이
뒷좌석에 앉은 더글러스 워커도 감옥을 일곱 번이나
들락거렸다. 둘 다 필로폰 중독자였다⋯
데이비스와 워커는 이스즈 옆으로 다가와
오토바이의 무게로 레이놀즈를 차체에 밀어붙여
꼼짝도 못 하게 했다. 컬드론은 즉시 조수석에서
뒷좌석으로 뛰어들어, 거기서 정신없이 움직였다.
그런 그를 워커가 저지했다. 데이비스는 레이놀즈의
지갑을 거머쥐고는 357구경 권총을 꺼내 그녀의
오른쪽 귀에 들이댔다. 그녀가 저항하자 그는
발사해버렸다. 그러고는 데이비스와 워커는
오토바이에 올라타 빨간불도 무시한 채 전속력으로
사라졌다. 데일리 플래닛 식당에서 사람들이 달려

나왔고 누군가가 지혈을 시도했다. 나중에 컬드론이 차를 몰고 레이놀즈의 부모 집에 갔으나 그들을 깨우는 데 실패했다. 전화해도 자동 응답기만 돌아갔다. 결국 새벽 2시 반에 통화가 되었다. 아버지 마이크 레이놀즈는 아내가 전화통을 붙들고 울부짖는 소리를 들었다. "머리에! 킴버가 머리에 총을 맞았대요!" 딸은 이튿날 사망했다.[4]

어두운 거리에 몸이 쓰러진 뒤로 킴버 레이놀즈의 삶은 한순간에 끝났다. 영혼은 즉시 영원에 들어갔다. 당신과 나도 오늘 밤이나 내일 그렇게 될 수 있다. 우리를 위한 종이 언제 울릴지 모른다. 그러나 내세의 실상만은 이제 우리도 분명히 안다. 성경의 내용을 당신도 접했으니 합리화할 시간이 없다. 죽은 후에는 회개하고 믿을 기회도 없다. 기회는 끝나고 고통이 시작된다.

당신의 삶을 그리스도께 내어드린 적이 없다면 마지막 장을 읽는 지금이 기회다. 지금 그분께로 가라. 믿음으로 그분을 부르며 영생이라는 선물을 받으라. 그러면 사후에 천국에 간다는 확신을 얻는다. 당신의 삶을 그분께 드렸다면 오늘 밤 죽는다고 해도 안심하라. 주님 곁으로 갈 테니 말이다. 어떻게 하는지 모르겠거든, 밑에 나온 대로 기도하면 된다. 절대 후회하지 않을 것이다. 그분은 끝까지 신실하신 분이다. "주 예수를 믿으라. 그리하면 너와 네 집이 구원을 받으리라"(행 16:31).

나는 부모님의 장례식에서 울었으나 두 분이 영원한 본향에 주님과 함께 계심을 알기에 그 뒤로 번번이 기뻐할 수 있었다. 두 분이 몸의 영광스러운 부활을 기다리고 계시니 내 어찌 기쁘지 않겠는가. 그 기쁨이 오늘 당신의 것이 될 수 있다. 뒤로 미룰 까닭이 무엇인가?

> 하나님 아버지, 제게 의문이 많지만 두 가지만은 알겠습니다. 제가 죄인이며, 언젠가는 죽는다는 사실입니다. 하나님의 아들 예수 그리스도를 제 구주와 주님으로 삶 속에 모셔 들이고 싶습니다. 제 모든 죄를 용서하여주소서. 예수님이 그리스도시고 살아 계신 하나님의 아들이심을 믿습니다. 제 삶 속에 기꺼이 와주시니 감사합니다. 지금 예수님을 영접합니다. 가장 뛰어나신 예수님의 이름으로 기도합니다. 아멘.

## 토의 질문

### 제1장
### 하나님이 큰일을 하라고 부르신다면?

1) 당신은 하나님이 사람들을 택하여 큰일을 하게 하신다고 믿는가? 왜 그렇게 생각하는가? 혹은 왜 그렇게 생각하지 않는가?

2) 왜 사람들이 자신의 삶을 향한 하나님의 부르심에 자꾸 저항한다고 보는가? 당신은 당신을 위한 하나님의 계획을 받아들이지 못하고 주저한 적이 있었는가? 그때는 언제였는가?

3) 어떻게 당신을 향한 하나님의 부르심과 목적에 따라 당신의 삶을 드릴 수 있는가?

### 제2장
### 한순간에 모든 것을 잃는다면?

1) 욥의 참담한 상실이 당신에게는 어떤 면에서 공감이 되는가?

2) 당신이 지금껏 살아오면서 경험한 상실은 무엇인가? 그 일을 겪고서 어떤 감정이 뒤따랐는가?

3) 상실의 시절에서 선한 결과가 나올 수 있다고 보는가? 역경의 시기를 지날 때 하나님과 우리 자신에 대해 배울 수 있는 교훈은 무엇인가?

## 제3장
### 가까운 사람에게 배신을 당한다면?

1) 당신이 배신당했던 때를 떠올려보라. 그 일로 인해 신앙에 회의가 들지는 않았는가?

2) 예수님이 당하신 배신을 잠시 생각해보라. 그분의 경험은 우리가 친구에게 배신감을 느낄 때 어떤 도움이 되는가?

3) 당신을 배신한 사람들을 용서했는가? 만일 그렇다면, 어떻게 그들을 용서할 수 있었는가? 혹 아직 그들을 용서하지 못했다면, 왜 그러한가?

## 제4장
### 다른 사람의 잘못을 지적해야 한다면?

1) 왜 다른 사람의 잘못을 지적하는 일을 대다수 사람이 피한다고 보는가? 그리고 그렇게 자꾸 피하는 데는 어떤 단점이 있는가?

2) 누군가가 사랑으로 잘못을 지적해준 결과로, 당신의 관계가 회복된 적이 있는가? 있다면 한번 나누어보라.

3) 성경이 우리에게 사랑으로 서로 진실을 말하라고 가르치는 이유는 무엇인가?

### 제5장
### 넘어져 있는데 사람들에게 더 발길질을 당한다면?

1) 힘든 상황인데 누군가가 당신을 더욱 힘들게 해서 고통이 배가 된 적이 있다면 한번 이야기해보라. 그 경험이 그토록 고통스러웠던 이유는 무엇인가?

2) 그리스도 안에서 치유됨을 말하는 하나님의 말씀에서 우리가 얻을 수 있는 위로는 무엇인가?

3) 깊은 상처를 입은 사람에게 어떻게 주님의 치유를 구하도록 격려할 수 있을까?

### 제6장
### 다시 일어설 기회가 필요하다면?

1) 우리는 왜 실패를 부정적으로 보는 경향이 있는가? 성공을 강조하는 우리 문화에서는 어떻게 이런 관점을 부추기는가?

2) 요한 마가의 이야기는 다른 사람에게 다시 일어설 기회를 주어야 한다는 당신의 생각에 어떤 영향을 끼쳤는가?

3) 예레미야애가 3장 23-24절을 읽으라. 하나님의 성실하심을 일깨우는 이 말씀은 우리가 실패할 때 어떻게 우리를 격려해주는가?

## 제7장
## 장애나 질병이 생겨 고통스럽다면?

1) 당신은 육체의 가시로 힘들어했던 바울에게 공감하는가?

2) 신체적 또는 정서적 제약이 있는데도, 하나님을 깊이 신뢰하는 사람을 본 적이 있는가?

3) 하나님은 왜 우리의 삶에 신체적 장애와 기타 제약을 허용하시는가?

## 제8장
## 분란을 일으키는 사람 때문에 곤혹스럽다면?

1) 하나님이 왜 우리의 삶 속에 문제를 일으키는 사람들을 두시는가?

2) 분란을 일으키는 사람을 상대할 때 당신은 어떤 태도로 임하는가? 처음부터 하나님을 의지하는가, 아니면 스스로 해결하려 하는가?

3) 말썽꾼을 대해야 할 때 기도는 어떤 역할을 하는가?

## 제9장
## 상사가 불공정하고 무례한 사람이라면?

1) 베드로전서 2장에 따르면, 그리스도인의 직장 생활에 길잡이가 되는 원리는 무엇인가? 윗사람에게 우리는 어떻게 반응해야 하는가?

2) 우리 자신을 종으로 보면, 불공정하거나 무례한 상사를 상대할 때 어떤 도움이 되는가?

3) 그리스도를 따르라는 부르심은, 어려운 직장 환경을 헤쳐나가는 데 우리를 어떻게 준비되게 하는가?

## 제10장
## 스토킹을 당하여 신변의 위협을 느낀다면?

1) 신변의 위협을 느끼거나 두려울 때 당신은 대개 어디서 용기와 안정을 얻으려 하는가?

2) 위협을 느낄 때 우리를 위로하고 격려해주는 하나님 말씀의 약속은 무엇인가?

3) 삶이 무섭게 반전할 때 우리의 신앙은 어떻게 도움이 되는가?

## 제11장
## 오늘 밤 인생이 끝난다면?

1) 왜 대부분이 내세에 대해 말하기를 꺼린다고 보는가?

2) 당신(이나 지인)이 죽음의 문제로 씨름해야 했던 때를 떠올려 보라. 그때 당신에게 들었던 의문은 무엇인가? 무엇이 두려웠는가?

3) 죽음을 두려워하는 사람을 격려해야 한다면, 어떻게 하나님이 그리스도를 통해 베푸시는 구원을 받아들이도록 권해주겠는가?

# 주

### 제1장
### 하나님이 큰일을 하라고 부르신다면?

1) Richard H. Schmidt, *God Seekers: Twenty Centuries of Christian Spiritualities*(Grand Rapids, MI: Eerdmans, 2008), 268. (『하나님을 찾는 사람들』 포이에마)

### 제2장
### 한순간에 모든 것을 잃는다면?

1) Philip Yancey, *Disappointment with God: Three Questions No One Asks Aloud*(Grand Rapids, MI: Zondervan, 1988), 183-84. (『하나님, 당신께 실망했습니다』 IVP)
2) T. S. Eliot, "The Modern Dilemma," *Christian Register*, 1933년 10월 19일. 다음 책에 인용되어 있다. Yancey, *Disappointment with God*, 184.
3) F. B. Meyer, *David: Shepherd, Psalmist, King*(Fort Washington, PA: Christian Literature Crusade, 1977), 195.
4) Corrie ten Boom, *The Hiding Place*(Grand Rapids, MI: Chosen Books, 1984), 227. (『주는 나의 피난처』 생명의말씀사)

## 제4장
### 다른 사람의 잘못을 지적해야 한다면?

1) Alexander Whyte, *The Old Testament*, 제1권, Bible Characters(Grand Rapids, MI: Zondervan, 1952).
2) 같은 책, 245.

## 제5장
### 넘어져 있는데 사람들에게 더 발길질을 당한다면?

1) F. B. Meyer, *Christ in Isaiah*(Fort Washington, PA: Christian Literature Crusade, 1977), 9-10.
2) J. Oswald Sanders, *Spiritual Leadership: Principles of Excellence for Every Believer*(Chicago: Moody, 2007), 158. (『영적 지도력』 요단출판사)
3) 같은 책.
4) Helmut Thielicke, *Encounter with Spurgeon*(Philadelphia: Fortress, 1963), 14.
5) David Roper, *A Burden Shared: Encouragement for Those Who Lead*(Grand Rapids, MI: Discovery House, 1991), 58-59.
6) 같은 책.
7) "Come, Ye Disconsolate," Thomas Moore 작사, Samuel Webbe 작곡, 1831. (새찬송가 526장 "목마른 자들아")

## 제6장
### 다시 일어설 기회가 필요하다면?

1) Paul David Tripp, *Dangerous Calling: Confronting the*

*Unique Challenges of Pastoral Ministry*(Wheaton, IL: Crossway, 2012), 17. (『목회, 위험한 소명』 생명의말씀사)
2) 다음 책에 인용된 말이다. William Barclay, *The Acts of the Apostles*, 개정판, Daily Bible Study 시리즈(Philadelphia: Westminster Press, 1976), 101. (『바클레이 신약주석 시리즈 6: 요한복음(하) 사도행전』 기독교문사)
3) Leslie B. Flynn, *When the Saints Come Storming In*(Wheaton, IL: Victor Books, 1988), 64-65.
4) John Pollock, *The Apostle: A Life of Paul*(Wheaton, IL: Victor Books, 1985), 116. (『사도 바울』 홍성사)
5) Leslie B. Flynn, *Great Church Fights*(Wheaton, IL: Victor Books, 1976), 40.

## 제7장
### 장애나 질병이 생겨 고통스럽다면?

1) Joni Eareckson Tada, *A Place of Healing: Wrestling with the Mysteries of Suffering, Pain, and God's Sovereignty*(Colorado Springs: David C. Cook, 2010), 103. (『조니 에릭슨 타다의 희망 노트』 두란노)
2) William Barclay, *The Letters to the Corinthians*, 개정판, Daily Bible Study 시리즈(Philadelphia: Westminster Press, 1975), 257-59. (『바클레이 신약주석 시리즈7: 로마서 고린도전후서』 기독교문사)

제8장

분란을 일으키는 사람 때문에 곤혹스럽다면?

1) J. Oswald Sanders, *Spiritual Leadership: Principles of Excellence for Every Believer*(Chicago: Moody, 2007), 115. (『영적 지도력』요단출판사)
2) 다음 책에 인용된 말이다. Leslie B. Flynn, *When the Saints Come Storming In*(Wheaton, IL: Victor Books, 1988), 21.
3) A. T. Robertson, *Word Pictures in the New Testament*, 제6권 (Nashville: Holman Reference, 2000), 263. (『신약원어 대해설6』요단출판사)

제9장

상사가 불공정하고 무례한 사람이라면?

1) Doug Sherman & William Hendricks, *Your Work Matters to God*(Colorado Springs: NavPress, 1987), 7.
2) Dorothy L. Sayers, "Why Work?" 다음 책에 인용되어 있다. Sherman & Hendricks, *Your Work Matters to God*, 20.

제10장

스토킹을 당하여 신변의 위협을 느낀다면?

1) Corey Kilgannon, "Queens Neighborhood Still Haunted by Kitty Genovese's Murder," *New York Times*, 2016년 4월 6일. https://nyti.ms/3MWbAbW
2) Office for Victims of Crime, "Stalking Victimization," 2002년 2월. https://bit.ly/3wNobIL
3) National Institute of Justice, "Stalking," 2007년 10월 25일.

https://bit.ly/3wMVKKZ

4) Charles H. Spurgeon, *Lectures to My Students*(Peabody, MA: Hendrickson, 2010), 154. (『목회자 후보생들에게』 CH북스)

### 제11장
### 오늘 밤 인생이 끝난다면?

1) John Donne, *Devotions upon Emergent Occasions*(1624). (『인간은 섬이 아니다』 나남)
2) Merrill F. Unger, *The New Unger's Bible Dictionary*, R. K. Harrison, Howard F. Vos & Cyril J. Barber 편집(Chicago: Moody, 2006), 512.
3) Darrell L. Bock, *Luke*, 제2권, Baker Exegetical Commentary on the New Testament(Grand Rapids, MI: Baker, 1996), 277-78. (『BECNT 누가복음2』 부흥과개혁사)
4) Malcolm Gladwell, *David and Goliath: Underdogs, Misfits, and the Art of Battling Giants*(New York: Little, Brown, 2013), 232-33. (『다윗과 골리앗』 김영사)